U0145325

國中數學
滿分心法

引爆中學生數學能力的奧義

林群　編著

推薦序

第一次遇見林群老師是在國中二年級。

那時的我，喜歡嘗試自己的方法解題、喜歡不同角度切入問題時的驚喜。很感謝當時老師們對我的包容，讓我能盡情探索。但自己所能蒐集到的題目畢竟有限，對探索新題目的熱情促使我帶著拓展視野的好奇來到林群老師班上。

課堂剛開始，我單純被有趣的題目吸引，只顧埋頭解題；幾分鐘後，我被周圍傳來的陣陣笑聲吸引（是什麼這麼有趣？）抬頭，黑板上獨特且明晰的思路吸引了我；仔細一聽，林群老師的講解風趣且充滿條理，從最基本觀念的建構，到難題解法的延伸不再只仰賴著「神來一筆」，而是有邏輯脈絡可循！

這對我產生很深遠的影響，對我從國中、高中、甚至到大學的學習影響深遠─反覆熟習最基本的觀念和定義，再怎麼花俏與巧妙的解法，都只是基本觀念的活用。遇到看起來不可思議的解法，不是讚嘆完把答案背起來，而是剖析他所運用的原理是什麼？為什麼他會想到這麼做？這似乎是老生常談了，但踏出第一步總是不易，尤其是在考試環伺的壓力下。我很幸運當時有林群老師領路。

很高興看到林群老師出書，內容編排的巧思鎔鑄了老師教學的優點和熱情！翻閱著彷彿回到了當年坐在台下的時光。再加上這幾年的經驗累積，老師的教學更加純熟了；由淺入深的原理解析和精確的選題，相信能幫助更多同學踏出剖析問題、建立思路的第一步！

與您分享不只是一本書，更是一位關心學生的好老師。

姜慧如

2005 年 第一屆國際國中科學奧林匹亞競賽「金牌」與「最佳理論特別獎」得主
保送北一女中
2007 年 第一屆國際地球科學奧林匹亞競賽「金牌」得主
2008 年 亞洲物理奧林匹亞競賽「榮譽獎」得主
保送台大電機系
2011 年「中華民國國際數理學科奧林匹亞協會」發起人

推薦序

由簡單的數學定義與概念變化無限的想法

　　在這些年教學過程中，學生最常見的問題就是——只知道解題，卻不懂得思考、探索問題。所以往往相同的概念作了不同的「包裝」或換個角度敘述，就讓學生不知所措，尤其是高一學生身上更加明顯，這樣的現象與國中學數學的習慣大有關聯。在考試領導教學的型態下，最有效的「捷徑」就是為一些簡單的數學概念，給一大堆練習題讓學生作機械式的操作，但這樣的方式往往讓學生在上了高中後吃了大虧，殊不知學習數學應以透徹了解、深化定理概念，才能應付題目無限可能的變化。

　　有別於一般為國中基測而撰寫的「參考書」，作者在第一章依國中學習數學的順序，精選一百題國中基測這些年累積下來的好題，並以深化概念的方式帶出國中生應具備的數學知識，而每一個概念都給了一個相對應的延伸性演練問題。作者更在第二章帶入資優班考試試題中常用的概念與想法，為想更上一層樓的學生給了一個很好的引導，原來一個看似複雜的難題，在經過「極端化、簡單化、特殊化、平移、對稱、旋轉」後，就成了一個容易處理的問題了。

　　無論如何，「以簡馭繁」是數學解題中不變的原則，而本書不僅提供國中生有效準備基測數學的方式，更建立一個往後正確學習數學的模式。至於想更進一步探索資優數學的國中生，林群老師的這本書絕對是最值得參考的武林秘笈！

賴信志

國立台中女中 數理資優班 數學科老師
第 13 屆 TRML 高中數學競賽女生組金牌、團體組銀牌指導老師

自 序

　　從事數學教育工作已經歷了十五個寒暑，師大數學系畢業後，因為是公費生，必須先在中學教兩年書，隨後就在讀研究所期間，開啟了我的補教生涯。

　　這十多年來網路與通訊科技快速的普及與蔓延，平板電腦、電子書等科技教學工具也在這幾年間逐漸的興起，當然在各領域學科的教學與學習上會有一些改變與影響，但是在數學這門學科上，兩千多年前幾何原本的作者歐幾里得在為托勒密國王講授幾何學時，國王就曾問他：「學幾何有沒有快速的捷徑。」歐幾里得回答他說：「學幾何無王者之路。」兩千多年後科技快速的演進，但我還是必須要說：「學數學無快速的捷徑。」而紙筆運算與分析，更是無法全面的以現今任何科技產品取代，數學的教材也無法僅以閱讀的方式就能完全的吸收與學習。

　　中學生必修的學科中，數學這門學科和其他學科有著很大的不同，我們想了解學生是否已學會某學科，通常是看學生能否記得學程中的內容，但在數學上卻並非只是記憶與背誦這麼的單純。我們想了解學生是否具備數學觀念的方式，就是測驗學生能否運用這些數學觀念，解出一個數學問題。然而，我們要如何才能具備這些數學觀念呢？就像是一個循環，我們當然還是必須從思考與解出數學問題中學習，才能具備這些數學觀念，因此「數學解題」就是學習數學的關鍵。

　　早年數學試題的變化較少，因此許多同學的數學學習方法，就是不斷的演練僅改變些數據的類似題，甚至有些補教老師為因應某些題目，就發明一些速解公式與方法，這些當然對數學的學習都是負面的。這十多年來國中升高中的升學考試「基本學力測驗」改以選擇式的命題，使得許多學生常在不了解題意的情況下就想猜答案，加上頻繁且無完善規劃的教改，造成了學生的數學學習變的不夠扎實，我在教授高中課程時，經常會發覺學生有著這方面的問題。然而，雖說選擇式的命題不易測驗出學生真正的數學程度，但這十多年來，基測考試在數學科上，卻已累積了許多相當優質的試題。作為一位數學教育工作者，可以看出數學試題的進化，也肯定命題老師們的努力，它不再只是像過去的試題般呆版單調，而多了許多的巧思。若是能將這些優質的基測試題真正理解，數學的學習就必定能有長足的成長與進步。

早在兩千多年前柏拉圖的「對話錄」中，就記載了其師蘇格拉底以「產婆式」導引的教學法，讓沒受過教育的童僕美諾學習與解決了現今我們國二學生才會學習的數學觀念與問題。在中學生的數學教育與學習方法上，「互動與引導」早已是先哲所認同最好的學習方式。五年前的夏天，我懷抱著對教育的熱情，實現了自己的理想，創立了「林群數學補習班」。在這裡，沒有商業的包裝，只有質樸的關懷與陪伴；沒有冰冷的臉孔，只有溫馨的教學與輔導。我陪伴著同學一起成長，帶領著同學一起向上提升。我實現了自己對教育的理念與想法，也培育了許許多多優秀的學生。

　　承蒙五南圖書的邀請，希望我能分享自己的教學經驗與方法，為中學生寫一本有效學習國中數學的書，《國中數學滿分心法：引爆中學生數學能力的奧義》因此而誕生。我將本書分為兩個部份。第一章，我特別精選了一百題最優質的基測試題與相同觀念的模考題，深化同學國中必備的數學觀念。在心法解析的部份，更特別以我平日與學生互動教學的方式來書寫，讓它不僅只是試題的解答，更讓閱讀與演練的同學如同上了一堂數學課。第二章，是我訓練資優學生，強化數學能力的課程內容，讓閱讀演練本書的同學，除了能完整的建構國中數學觀念外，還能強化數學能力。但由於書本篇幅的限制，我先挑選「極端化、簡單化、特殊化、平移、對稱、旋轉」這六個重要的數學能力來介紹。希望將來有機會能再寫一本強化數學能力的專書，完整的介紹思考型試題與競賽試題。

　　最後，我要感謝我的父母親這些年給我的照顧與協助，更要感激我的學生與工作夥伴，因為有你們的陪伴，讓我的人生更加的精采。

林群

目 錄

第一章　深化數學觀念

深化數學觀念 ⇒ 透析數學本質

近十年來，國中升高中的升學考試「國中基本學力測驗」改以單一選擇題命題，導致很多學生雖然是選對了答案，其實對題目想傳達的數學觀念並不了解。數學題目雖然不會重複命題，但想測驗學生理解與否的數學觀念卻會一考再考，若同學沒能深度的理解其中的數學觀念，命題老師將題目稍加轉換或是改以問答式的命題，同學就無法回答了。

在我十五年的教學經驗中，經常見到中學生這方面的問題，同學看到選擇題，沒能先理解題意就想猜答案，答對了就好，至於答案為什麼是這個選項，其他選項又為什麼錯誤，他們一點也不在乎。我想，同學要能考好國中基測考試或會考，首要就是要能真正深度理解題目想傳達的數學觀念，也唯有真正明白這些數學觀念，方能在日後的考試中輕鬆答題，取得高分。

事實上，國中基測考試的數學題目雖然靈活多變，但國中生所必須學習與具備的數學觀念並不多。如果同學能將一些優質的數學試題確實弄通，就足以具備與建立這些數學觀念。很多人學數學，以為要背很多公式或算很多題目，其實要讓同學能學好數學，只需帶領同學一起去思考與解決優質的數學試題。這樣的過程，不只能建立與深化同學的數學觀念，更能讓同學透析數學的本質，並強化思考與理解的能力。

然而，書本的文字內容與實質的教學過程畢竟還是有很大的落差。因此，在第一章的內容中，我除了精選了這11年來最優質的100題基測考題，並同步加入100題的嚴選模考思考題，共分成「數論」、「代數與座標系」、「數列與級數」、「三角形與多邊形」、「圓與三心」、「機率與統計」6個部份。在題目的下面就一併附有國中必備的數學觀念，而「心法解析」的部份，更是儘可能的以貼近我平時教學的方式來書寫，它不僅只是解答，更是帶領同學一起來思考與解決試題，讓同學能透過這本書的內容，真正建立與思考數學觀念，以達到數學滿分的終極學習成效。

試題 001A

在數線上，O 為原點，A 點的坐標為 a，B 點的坐標為 b。利用下列三個已知條件，判斷 A、B、O 三點在數線上的位置關係。

已知條件：1. $a+b<0$　2. $a-b>0$　3. $ab>0$

下列圖形何者正確？

【92 年第一次基測】

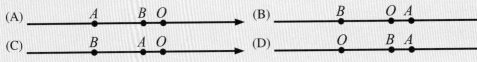

深化觀念

首先，我們必須先具備下面 2 個「數與數線」的基本觀念。

【1】數線三要素：(1)原點　(2)正方向　(3)單位長

【2】絕對值：

(1) $|a|$ 表示數線上一點 a 與原點的距離。

(2) $|a| = \begin{cases} a & , a \geq 0 \\ -a & , a < 0 \end{cases}$

(3) $|a-b|$ 表示數線上兩點 a, b 的距離。

(4) $|a-b| = \begin{cases} a-b & , a \geq b \\ b-a & , a < b \end{cases}$

心法解析

試題 001 似乎應該要石破天驚，但因為由數的觀念開始，它只能是如此的恰如其分。

這個題目是希望我們由題目中所給的 3 個條件來判斷 a, b 兩數的正負與大小。

我們必須運用一點邏輯觀念來窮舉出答案。

先由條件 3. $ab>0$ 推論出 $a>0, b>0$ 或 $a<0, b<0$

再由條件 1. $a+b<0$ 確定 $a<0, b<0$

由條件 2. $a-b>0$ 移項可得 $a>b$

最後我們由數線的觀念將 A, B 兩點繪製在數線上。

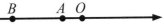

因此，正確選項為(C)

 下面我給同學一個「數與數線」觀念的思考題。同學可以立即演練看看，測試自己是否已能完全掌握這個數學觀念。

試題 001B

若實數 a，b，c 滿足 $abc>0$，$ab+bc+ca<0$，$a+b+c>0$，$a>b>c$，則下列有幾項敘述是正確的？

(1)$a>0$　(2)$b>0$　(3)$c>0$　(4)$|a|>|b|$　(5)$a^2>c^2$　(6)$|a-b|>|c-b|$

(A)2　(B)3　(C)4　(D)5

心法解析

這個題目是希望我們由題目中所給的 3 個條件去判斷 a, b, c 三數的正負與大小。

我們必須運用一點邏輯觀念方能窮舉出答案。

先由 $abc>0$ 推論出 3 數皆正或 2 數負，1 數正

再由 $ab+bc+ca<0$ 確定 2 數負，1 數正

最後由 $a>b>c$ 可知 $a>0$, $b<0$, $c<0$

而 $a+b+c>0$ 我們可進一步的知道 $|a|>|b+c|$

我們可以將 a, b, c 三數的相對位置以下面的數線圖表示，

以便於我們判斷各敘述的對錯。

由距離觀念可知 $|a|>|b|$ 且 $|a|>|c|$ $\Rightarrow$ $a^2>c^2$

因為 a, b 距離 $>b$, c 距離 $\Rightarrow$ $|a-b|>|c-b|$

故 (1)(4)(5)(6) 正確

因此，本題答案為 (C)

設「$a \ominus b$」代表大於 a 且小於 b 所有質數的個數。例如：大於 10 且小於 15 的質數有 11、13 兩個質數，所以 $10 \ominus 15 = 2$。若 $30 \ominus c = 2$，則 c 可能為下列哪一個數？

(A)38　(B)42　(C)46　(D)50

【94 年第一次基測】

深化觀念

首先，我們必須先具備下面 2 個「質數」的基本觀念。

【1】質數：大於 1 的正整數中，除了 1 與本身之外，沒有其他的正因數。

【2】0 與 1 不是質數，最小的質數是 2，2 也是質數中唯一的偶數。

心法解析

這是一個有意思的自訂數學符號問題。我們在基測考試中，經常會看到這樣的命題方式，同學首要就是一定得先搞懂這個陌生數學符號的意義。

「$a \ominus b$」代表大於 a 且小於 b 所有質數的個數。

因此 $30 \ominus c = 2$ 表示大於 30 且小於 c 的所有質數有 2 個，

而比 30 大的質數依序有 31，37，41，…

因此 c 可以是 38，39，40，41

若 $c = 42$，則 $30 \ominus 42 = 3$ 就不合了。

故本題答案為(A)

事實上，滿足本題條件的 c 有 4 個數。

同學在選對答案之外，更要能深入理解題目中細部的想法。

國中數學滿分心法：引爆中學生數學能力的奧義

 下面我給同學一個「質數」觀念的思考題。同學可以立即演練看看，測試自己是否已能完全掌握這個數學觀念。

如圖，小群將六個相異的數分別寫在三張卡片的兩面上，並將卡片放在桌上，每張卡片兩面的數總和都相等，且被蓋住的三個數都是質數，則被蓋住的三個質數平均值是？

(A)13　(B)14　(C)15　(D)16

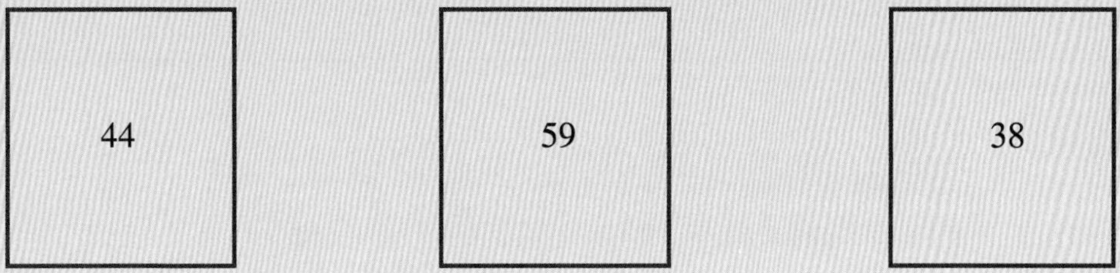

| 44 | 59 | 38 |

心法解析

我們可以先分別假設三張卡片背面的質數為 a, b, c

因為每張卡片兩面的數總和都相等，

所以 $a+44=b+59=c+38$

但質數有無限多個，我們要如何得知 a, b, c 究竟是哪一個質數呢？

觀察 44，59，38 三數的異同後，我們可以發現 44，38 皆為偶數，只有 59 為奇數。

若我們選擇 a, b, c 皆為奇數質數，會造成 $a+44$ 為奇數，$b+59$ 為偶數，$c+38$ 為奇數，卡片兩面的數總和不可能會相等。

因此 b 必為偶數質數；而質數中，2 是唯一的偶數。

所以 $b=2 \Rightarrow b+59=61$

同樣的 $a+44=61 \Rightarrow a=17$

且 $c+38=61 \Rightarrow c=23$

因此，3 個質數的平均值 $=\dfrac{17+2+23}{3}=14$

故本題答案為(B)

試題 003A

小華利用自己的生日設計一個四位數的密碼，方法是：分別將月分與日期寫成兩個質數的和，再將此四個質數相乘，所得數字即為密碼（例如，生日若為 8 月 24 日，將 8 寫成 3 與 5 的和，24 寫成 11 與 13 的和，再將 3、5、11、13 相乘得密碼為 2145）。已知小華的密碼為 2030，求小華出生在幾月分？

(A)5　(B)7　(C)9　(D)12 　　　　　　　　　　　　　　　　　　　　　　【94 年第二次基測】

深化觀念

首先，我們必須先具備下面 3 個「因數倍數」的基本觀念。

【1】因數倍數：若整數 b 可以被整數 a 整除，則稱 a 是 b 的因數，b 是 a 的倍數。

【2】倍數判別：

(1)2 的倍數：個位數字是偶數。

(2)4 的倍數：末兩位數是 4 倍數。

(3)5 的倍數：個位數字是 0 或 5。

(4)11 的倍數：(奇數位數字和) − (偶數位數字和)為 11 的倍數。

(5)3 的倍數：各位數字和為 3 倍數。

(6)9 的倍數：各位數字和為 9 倍數。

【3】標準分解式：$504 = 2^3 \times 3^2 \times 7$（質數由小至大）

心法解析

這是一個有意思的試題，將正整數的質因數分解與邏輯推理巧妙的結合。

我們先逆向思考，分解 $2030 = 2 \times 5 \times 7 \times 29$

而一個月最多只有 31 天，因此小華生日必為 $29 + 2 = 31$ 日。

月份則為另外兩個質數的和 $5 + 7 = 12$ 月 $\Rightarrow$ 小華生日為 12 月 31 日

故本題答案為(D)

林群老師的生日是 6 月 22 日，巨蟹座的第一天，是愛家的好男人喔！

我的生日也可以變成密碼嗎？

月分 $6 = 3 + 3$，日期 $22 = 3 + 19 = 5 + 17 = 11 + 11$，

事實上，根據「哥德巴赫猜想」，大於 2 的偶數必可以表示成兩個質數的和。

但是其中，能成為四位數密碼的只有 $3 \times 3 \times 11 \times 11 = 1089$

同學你的生日也可以變成密碼嗎？不妨可以自己試試看！

下面我給同學一個「因數倍數」觀念的思考題。同學可以立即演練看看，測試自己是否已能完全掌握這個數學觀念。

試題 003B

寫出所有 1 到 250 之間與 48510 互質的合數。

深化觀念

首先，我們必須先具備下面 4 個「因數倍數」的基本觀念。

【1】合數：大於 1 的正整數中，不是質數的整數。

【2】合數可分解成為兩個比 1 大的正整數相乘。

【3】最小的合數是 4。

【4】兩個整數的最大公因數為 1，則兩數互質 ⇒ 兩數沒有共同的質因數。

心法解析

我們先由短除法可知

$48510 = 10 \times 3^2 \times 7^2 \times 11 = 2 \times 3^2 \times 5 \times 7^2 \times 11$

```
10 | 48510
 3 |  4851
 3 |  1617
 7 |   539
 7 |    77
        11
```

在 1 到 250 之間的合數，因為與 48510 互質，所以沒有質因數 2，3，5，7，11

因此我們只能考慮 13，17，19，23，29，31，…的倍數

因為 $13 \times 13 = 169$，

　　　$13 \times 17 = 221$，

　　　$13 \times 19 = 247$，

　　　$13 \times 23 = 299$ 不合，

　　　$17 \times 17 = 289$ 也不合，也就不用再嘗試更大的數字了。

所以，題目所求的合數為 169，221，247

將正整數 N 的所有正因數由小至大排列如下：

$1, a, 3, b, c, d, e, f, g, 42, h, N$ 判斷下列敘述何者正確？

(A)d 是 a 的 3 倍　　(B)e 是 3 的 3 倍　　(C)f 是 b 的 3 倍　　(D)42 是 d 的 3 倍　　【96 年第二次基測】

深化觀念

首先，我們必須先具備下面 2 個「因數倍數」的基本觀念。

【1】若要求得正整數的正因數，可由對正因數的對稱性兩兩逐一的列出。

【2】若 $504 = 2^3 \times 3^2 \times 7$，則 504 的正因數型式必為 $2^a \times 3^b \times 7^c$

而 $a = 0 \sim 3$，$b = 0 \sim 2$，$c = 0 \sim 1$

因此正因數個數為 $(3+1)(2+1)(1+1) = 24$ 個 $\Rightarrow$ 標準分解式的次方 +1 相乘

心法解析

正整數 N 的所有正因數由小至大排列

$1, a, 3, b, c, d, e, f, g, 42, h, N$

我們由對稱性可以得知 $N = 1 \times N = a \times h = 3 \times 42$，因 $N = 126$

而 $N = 126 = 2 \times 3^2 \times 7$

所以 126 的所有正因數為

$1, 2, 3, 6, 7, 9, 14, 18, 21, 42, 63, 126$

$\Rightarrow a = 2$，$b = 6$，$c = 7$，$d = 9$，$e = 14$，$f = 18$，$g = 21$，$h = 63$

故(C)f 是 b 的 3 倍為本題正確選項。

下面我給同學一個「因數倍數」觀念的思考題。同學可以立即演練看看，測試自己是否已能完全掌握這個數學觀念。

將正整數 18 分解成兩個正整數的乘積有 $1 \times 18, 2 \times 9, 3 \times 6$ 三種，又 3×6 是這三種分解中，兩數的差最小的，我們稱 3×6 為 18 的最佳分解。當 $p \times q$ $(p \le q)$ 是正整數 n 的最佳分解時，我們規定函數 $F(n) = \dfrac{p}{q}$，例如 $F(18) = \dfrac{3}{6} = \dfrac{1}{2}$。下列有關函數 $F(n)$ 的敘述，有幾項是正確？

(1)$F(4) = 1$　(2)$F(24) = \dfrac{3}{8}$　(3)$F(27) = \dfrac{1}{3}$　(4)若 n 是一個質數，則 $F(n) = \dfrac{1}{n}$

(5)若 n 是一個完全平方數，則 $F(n) = 1$

(A)2　(B)3　(C)4　(D)5

心法解析

這個題目我們必須逐一的求出每一個正整數的所有分解狀況，再判斷出「最佳分解」

(1)$4 = 1 \times 4 = 2 \times 2$，故 $F(4) = \dfrac{2}{2} = 1$

(2)$24 = 1 \times 24 = 2 \times 12 = 3 \times 8 = 4 \times 6$，故 $F(24) = \dfrac{4}{6} = \dfrac{2}{3}$

(3)$27 = 1 \times 27 = 3 \times 9$，故 $F(27) = \dfrac{3}{9} = \dfrac{1}{3}$

(4)若 n 為質數 $\Rightarrow n = 1 \times n$ 是唯一的分解，故 $F(n) = \dfrac{1}{n}$

(5)若 n 為完全平方數 $\Rightarrow n = 1 \times n = \cdots\cdots = k^2$ 類似於選項(1)，故 $F(n) = \dfrac{k}{k} = 1$

故本題答案為(C)

小琪將 a、b 兩個正整數作質因數分解，完整的作法如右。已知 $a>b$，e 是質數，且 a、b 的最大公因數是 14，最小公倍數是 98，則下列哪一個關係是正確的？

(A)$d>e$　(B)$e>f$　(C)$e>g$　(D)$f>d$

$$\begin{array}{r|cc} 2 & a & b \\ \hline e & c & d \\ \hline & f & g \end{array}$$

【91 年第二次基測】

深化觀念

首先，我們必須先具備下面 5 個「公因數、公倍數」的基本觀念。

【1】最大公因數：正整數 a 與 b 的正公因數中，最大者為最大公因數以 (a, b) 表示。

【2】最小公倍數：正整數 a 與 b 的正公倍數中，最小者為最小公倍數以 $[a, b]$ 表示。

【3】若 a 與 b 為正整數，則 $ab = (a, b)[a, b]$

【4】若 $a = 2^2 \times 3^3 \times 5$，$b = 2 \times 3^4 \times 7 \Rightarrow (a, b) = 2 \times 3^3$，$[a, b] = 2^2 \times 3^4 \times 5 \times 7$

【5】$\begin{array}{r|cc} 2 & 24 & 36 \\ \hline 2 & 12 & 18 \\ \hline 3 & 6 & 9 \\ \hline & 2 & 3 \end{array} \Rightarrow (24, 36) = 2 \times 2 \times 3 = 12$，$[24, 36] = 2 \times 2 \times 3 \times 2 \times 3 = 72$

心法解析

這是一個測試我們能否使用短除法求最大公因數與最小公倍數的逆向思考題。

當然我們必須先具備使用短除法求最大公因數與最小公倍數的能力。

由題目的短除法我們可以知道 $(a, b) = 2 \times e = 14 \Rightarrow e = 7$

且 $[a, b] = 2 \times e \times f \times g = 98 \Rightarrow f \times g = 7$

又 $a>b$，所以 $f>g \Rightarrow f = 7$，$g = 1$

$\Rightarrow c = e \times f = 7 \times 7 = 49$，$d = e \times g = 7 \times 1 = 7$

$\Rightarrow a = 2 \times c = 2 \times 49 = 98$，$b = 2 \times d = 2 \times 7 = 14$

因此 (C) $e>g$ 為本題正確選項。

 下面我給同學一個「公因數、公倍數」觀念的思考題。同學可以立即演練看看，測試自己是否已能完全掌握這個數學觀念。

試題 005B

阿群利用短除法找出公因數、公倍數，若右圖是他對正整數 A、B 的分解，其中不同的英文字母代表不同的數，且 x, y, z 為質數，$F \neq 5$，$E \neq 11$，則下列何者正確？

(A)$(A, B) = 2$　(B)$A = 2 \times x \times y \times z \times 5$　(C)$[C, E] = z \times 5 \times 11$　(D)$(C, D) = z$

$$
\begin{array}{c|cc}
2 & A & B \\
\hline
x & C & D \\
\hline
y & C & E \\
\hline
z & F & E \\
\hline
& 5 & 11
\end{array}
$$

心法解析

這個題目的短除法過程比較特別，和我們一般熟悉的作法有所不同，因此很容易誤判。

我們必須逆向思考，由下而上慢慢的逆推回去。

$F = z \times 5$，$E = z \times 11$

$C = y \times F = y \times z \times 5$，$E = z \times 11$

$C = y \times z \times 5$，$D = x \times E = x \times z \times 11$

$A = 2 \times C = 2 \times y \times z \times 5$，$B = 2 \times D = 2 \times x \times z \times 11$

(A)$(A, B) = 2 \times z$　(B)$A = 2 \times y \times z \times 5$　(C)$[C, E] = y \times z \times 5 \times 11$　(D)$(C, D) = z$

故本題答案為(D)

第一章　深化數學觀念

182 個面積為 1 的正方形，分別緊密地拼成面積為 84 與 98 的兩長方形 $ABCD$ 與 $EFGH$。若 $\overline{AB}=\overline{EF}$ 且 $\overline{EF}>10$，則 $\overline{AB}=$？

(A)12　(B)14　(C)17　(D)21　　　　　　　　　　　　　　　【94 年第一次基測】

深化觀念

這是一個測驗「公因數」觀念的試題。

心法解析

因為，長方形面積＝長×寬

因此，我們可以將長、寬可視為長方形面積的因數

長方形 $ABCD=\overline{AB}\times\overline{AD}=84$

長方形 $EFGH=\overline{EF}\times\overline{EH}=98$

且 $\overline{AB}=\overline{EF}$

所以 $\overline{AB}=\overline{EF}$ 為 84、98 的公因數。

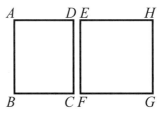

要求公因數，我們可以先找最大公因數，因為公因數為最大公因數的因數。

$$\begin{array}{c|cc} 14 & 84 & 98 \\ \hline & 6 & 7 \end{array}$$

$\Rightarrow (84, 98)=14$

因此 84、98 的公因數有 1，2，7，14

又 $\overline{AB}=\overline{EF}>10$，所以 $\overline{AB}=\overline{EF}=14$

故本題答案為(B)

此外，我們也可以得到寬 $\overline{AD}=6$、$\overline{EH}=7$

下面我給同學一個「公因數」觀念的思考題。同學可以立即演練看看，測試自己是否已能完全掌握這個數學觀念。

試題 006B

一張長方形的紙長 24.5 公分、寬 21 公分，要剪成大小相同的正方形，若這張紙全剪完而沒有剩餘，試問可以剪成多少個正方形？

(A)24　(B)32　(C)42　(D)48。

心法解析

將長方形的紙剪成大小相同正方形，表示正方形的邊長可以整除長方形的長和寬。

所以正方形邊長是長方形長、寬的公因數。

但是討論公因數與公倍數必須是正整數，而長方形的長卻不是。

這就讓我們不知道該如何去求出正方形的邊長了。

因此我們不妨改變一下單位，改為長方形的長 245 公厘、寬 210 公厘

$$
\begin{array}{r|cc}
7 & 245 & 210 \\
\hline
5 & 35 & 30 \\
\hline
& 7 & 6
\end{array}
$$

若我們取 $245 = 35 \times 7$，$210 = 35 \times 6$

表示當正方形邊長為 35 公厘，則長方形的長可被分為 7 份，寬可被分為 6 份，

總共可分割成 $7 \times 6 = 42$ 塊小正方形。

故本題答案為(C)

事實上，長方形的長與寬有不同的公因數，表示正方形的邊長也就有其他不同的選法，因此分割出正方形的塊數就有所不同。

甲、乙、丙三家新聞台每天中午 12：00 同時開始播報新聞，其中：

甲台每播報 10 分鐘新聞後就接著播廣告 2 分鐘；

乙台每播報 8 分鐘新聞後就接著播廣告 1 分鐘；

丙台每播報 15 分鐘新聞後就接著播廣告 3 分鐘。

(1)在 12：47 時，三家新聞台進行的內容為何？

　(A)甲：廣告；乙：新聞；丙：新聞　(B)甲：新聞；乙：廣告；丙：新聞

　(C)甲：新聞；乙：新聞；丙：廣告　(D)三家新聞台皆正在播報新聞

(2)三家新聞台在下列哪一個時間廣告同時結束？

　(A)12：33　(B)12：39　(C)13：12　(D)14：00

【94 年第二次基測】

深化觀念

這是一個測驗「公倍數」觀念的試題。

國中數學滿分心法：引爆中學生數學能力的奧義

心法解析

(1)我們若想判斷 12：47 三台的節目內容，

　只需列出三台廣告結束時間的數列就可以判斷。

　甲台每 $10+2=12$ 分一個循環 ⇒ 12，24，36，48，… ⇒ 46～48 分為廣告

　乙台每 $8+1=9$ 分一個循環 ⇒ 9，18，27，36，45，54，… ⇒ 45～53 分為新聞

　丙台每 $15+3=18$ 分一個循環 ⇒ 18，36，54，… ⇒ 36～51 分為新聞

　故本題答案為(A)

(2)我們若要找廣告同時結束的時間，即是要找 12，9，18 的公倍數

　要求公倍數，我們可以先找最小公倍數，因為公倍數為最小公倍數的倍數。

　因為[12, 9, 18]＝36，所以廣告同時結束的時間為 36，72，108，…分鐘後。

　也就是 12：36，13：12，13：48，…

　故本題答案為(C)

下面我給同學一個「公倍數」觀念的思考題。同學可以立即演練看看，測試自己是否已能完全掌握這個數學觀念。

甲、乙、丙三人同時同地出發，依同方向繞周長 720 公尺的圓池競走，每分鐘甲走 144 公尺、乙走 72 公尺、丙走 120 公尺，問幾分鐘後，三人第一次會合於原出發點？

(A)20 分　(B)30 分　(C)36 分　(D)72 分。

深化觀念

首先，我們必須先具備底下「速率 V，時間 t，距離 S」的基本觀念。

【1】$V = \dfrac{S}{t}$　　【2】$S = V \times t$　　【3】$t = \dfrac{S}{V}$

心法解析

這是一個測驗同學「公倍數」觀念的試題。但在我的教學經驗中，卻經常見到同學求公因數、求公倍數總是傻傻的分不清楚，往往才看到 144，72，120 三個數據，就開始去求他們的最大公因數。

事實上，題目問三人幾分鐘後同時會合於原出發點，我們不妨先思考，三人分別再次出現在出發點是幾分鐘後。

甲：$\dfrac{720}{144} = 5$ 分鐘，因此甲出現在出發點的時間為 5，10，15，…

乙：$\dfrac{720}{72} = 10$ 分鐘，因此乙出現在出發點的時間為 10，20，30，…

丙：$\dfrac{720}{120} = 6$ 分鐘，因此丙出現在出發點的時間為 6，12，18，…

所以三人同時出現在原出發點的時間為[5, 10, 6] = 30 分的公倍數。

而第一次會合於原出發點的時間為[5, 10, 6] = 30 分。

故本題答案為(B)

有一個三位數，其百位、十位、個位數字分別為 1、a、b。若此數與 72 的最大公因數為 12，則 $a+b$ 可能為下列哪一數？

(A)2　(B)5　(C)8　(D)14

【97 年第一次基測】

深化觀念

這是一個測驗「最大公因數」觀念的試題。

心法解析

我曾經在指導學生時，問同學：「為什麼 $a+b=5$」

竟然有學生這麼回答我：「因為我猜 123 啊，所以 $2+3=5$」

這當然是胡扯，可是他卻答對答案了，真是叫人哭笑不得。

事實上，我們應該運用最大公因數與短除法的觀念

$$12 \begin{array}{|ll} 1ab & 72 \\ \hline \square & 6 \end{array}$$

$$\Rightarrow \begin{cases} 1ab = 12 \times \square \\ 72 = 12 \times 6 \end{cases} \quad 且 (\square, 6) = 1$$

因為 □ 與 6 互質，表示 □ 與 6 的最大公因數為 1，也就是 □ 與 6 沒有共同的質因數。

因此 □ 可能是 1，5，7，11，13，17，…

又 $1ab = 12 \times \square$，我們分析可能的結果如下表，

□	1	5	7	11	13	17
1ab	12	60	84	132	156	204

符合本題 $1ab$ 的數為 132 或 156，因此 $a+b$ 可為 5 或 11。

故本題答案為(B)

而 $a+b=5$，指的其實是當中的 132，而非 123。

若本題改為問答題，答案可就得回答兩個了。

下面我給同學一個「公因數、公倍數」觀念的思考題。同學可以立即演練看看，測試自己是否已能完全掌握這個數學觀念。

小群跟他爸爸年齡的最小公倍數是 390，小群跟他爺爺的最大公因數是 2，他爸爸跟他爺爺的最大公因數是 3，而爺爺的年齡在 70～75 之間，求 3 人的年齡？

心法解析

我們不妨先假設小群年齡為 x 歲，爸爸 y 歲，爺爺 z 歲

$[x, y] = 390 = 2 \times 3 \times 5 \times 13$

$(x, z) = 2$

$(y, z) = 3$

$\Rightarrow \begin{cases} x = 2 \times a \\ y = 3 \times b \\ z = 2 \times 3 \times c \end{cases}$ 且正整數 a 沒有因數 3，正整數 b 沒有因數 2

又因為 $[x, y] = 2 \times 3 \times 5 \times 13 \Rightarrow a \times b = 5 \times 13$

因為 $x < y < z$，因此我們只能選擇 $\begin{cases} a = 5 \\ b = 13 \end{cases} \Rightarrow \begin{cases} x = 2 \times 5 = 10 \\ y = 3 \times 13 = 39 \end{cases}$

又 $70 < z < 75$，所以我們取 $c = 12 \Rightarrow z = 2 \times 3 \times 12 = 72$

故小群 10 歲，爸爸 39 歲，爺爺 72 歲

已知有 10 包相同數量的餅乾，若將其中 1 包餅乾平分給 23 名學生，最少剩 3 片。若將此 10 包餅乾平分給 23 名學生，則最少剩多少片？

(A)0　(B)3　(C)7　(D)10

【98 年第一次基測】

深化觀念

首先，我們必須先具備底下「除法原理」的基本觀念。

若 a，b 為整數，$b \neq 0$，則必存在唯一的一組整數 q 與 r，使得 $a = bq + r$，$0 \leq r < |b|$

$\Rightarrow a \div b = q \cdots r$

$\Rightarrow$ 被除數＝除數 × 商數＋餘數

心法解析

我們不妨先假設 1 包餅乾有 n 片平分給 23 名學生，每人分 a 片，最少剩 3 片，

也就是 $n \div 23 = a \cdots 3$

根據除法原理可表示成 $n = 23a + 3$

若我們想求 10 包餅乾平分給 23 名學生，也就是 $10n \div 23 \cdots \square$

$\Rightarrow 10n = 230a + 30 = 23 \times 10a + 30$ 可視為每人分 $10a$ 片，剩 30 片。

但 $30 > 23$，23 名學生每人可以再分 1 片，剩 7 片

$\Rightarrow 10n = 23 \times (10a + 1) + 7$，也就是每人分 $10a + 1$ 片，最少剩 7 片。

故本題答案為(C)

事實上，若 $n \div 23 \cdots 3$，求 $10n \div 23 \cdots \square$

我們可以直接將餘數 $3 \times 10 = 30$，

但因為 $30 > 23$，所以將 $30 \div 23 = 1 \cdots 7$，就可知剩下 7 片。

 下面我給同學一個「除法原理」觀念的思考題。同學可以立即演練看看，測試自己是否已能完全掌握這個數學觀念。

有 6 個裝有卡片的袋子，分別裝有 15、16、17、18、22 與 28 張卡片，甲和乙共買了其中 5 袋，若甲的卡片總數為乙卡片總數的 2 倍，則剩下的那一袋有多少張卡片？

(A)15　(B)16　(C)17　(D)18

心法解析

這是一個不容易判斷的思考題，同學看到甲和乙買了 5 袋，就會先想是買了哪 5 袋，這樣的狀況就會有 6 種可能，要再逐一的判斷甲買哪幾袋，乙買哪幾袋，甲的卡片總數才會是乙卡片總數的 2 倍，更是不容易。

那麼我們該怎麼破解這個試題呢？

關鍵地方就在於甲的卡片總數為乙卡片總數的 2 倍，

我們先假設甲總共拿了 a 張卡片，乙總共拿了 b 張卡片，

則 $a = 2b \Rightarrow a + b = 3b$ 也就是甲＋乙的卡片總張數為 3 的倍數，

那麼我們只需判斷去掉那一袋後，剩下 5 袋的卡片總數為 3 的倍數即可。

但是將 5 個數字加總，再判斷是否為 3 的倍數還是蠻麻煩的，

所以我們不妨先求每袋卡片數量除以 3 的餘數。

$15 \div 3 \cdots 0$；$16 \div 3 \cdots 1$；$17 \div 3 \cdots 2$；$18 \div 3 \cdots 0$；$22 \div 3 \cdots 1$；$28 \div 3 \cdots 1$

很明顯的，只有 $17 \div 3$ 的餘數是 2

若我們想求去掉 17 後，剩下 5 個數字總和 $\div 3$ 的餘數，

我們只需要將 5 個數的餘數 $(0 + 1 + 0 + 1 + 1) \div 3 \cdots 0$，

即可判斷出 5 個數的總和的確為 3 的倍數。

故本題答案為(C)

事實上，甲是拿了裝有 16、22、28 張卡片的袋子，乙則是拿了裝有 15、18 張卡片的袋子。

已知有大、小兩種紙杯與甲、乙兩桶果汁，其中小紙杯與大紙杯的容量比為 2：3，甲桶果汁與乙桶果汁的體積比為 4：5。若甲桶內的果汁剛好裝滿小紙杯 120 個，則乙桶內的果汁最多可裝滿幾個大紙杯？

(A)64　(B)100　(C)144　(D)225　　　　　【99 年第一次基測】

深化觀念

首先，我們必須先具備下面 4 個「比與比例」的基本觀念。

【1】比：兩數 $a, b\ (b \neq 0)$，a 與 b 的比，記為 $a：b$。a 稱為前項，b 稱為後項。

【2】比值：$a：b$ 的比值就是 $\dfrac{a}{b}$，也表示 a 是 b 的 $\dfrac{a}{b}$ 倍。

【3】比的擴張與縮小：一個比的前後項，同乘或同除一不為 0 的數，所得的比不變

$\Rightarrow a：b = ma：mb = \dfrac{a}{m}：\dfrac{b}{m}\ (m \neq 0)$

【4】比例式：$x：y = a：b \Rightarrow \dfrac{x}{a} = \dfrac{y}{b} \Rightarrow$ 可設為 $x = ar，y = br\ (r \neq 0)$

心法解析

因為小紙杯與大紙杯的容量比為 2：3，

所以我們可以假設小紙杯容量為 $2a$、大紙杯容量為 $3a$。

又因甲桶果汁與乙桶果汁的體積比為 4：5

所以我們可以假設甲桶果汁體積為 $4b$、乙桶果汁體積為 $5b$，

而甲桶內的果汁剛好裝滿小紙杯 120 個，所以 $\dfrac{4b}{2a} = 120 \Rightarrow \dfrac{b}{a} = 60$

因此 $\dfrac{5b}{3a} = \dfrac{5}{3} \times 60 = 100$，表示乙桶內的果汁最多可裝滿 100 個大紙杯

故本題答案為(B)

國中數學滿分心法：引爆中學生數學能力的奧義

下面我給同學一個「比與比例」觀念的思考題。同學可以立即演練看看，測試自己是否已能完全掌握這個數學觀念。

試題 010B

一個不超過 45 人的班級，由兩台全自動相機分別為每位男女學生拍攝大頭照。當所有男生依序排隊拍照時，所有女生也同時依序拍照。已知一個男生照相要花 31 秒，且隔 3 秒後，再拍攝下一位男生。而一個女生照相要花 47 秒且隔 3 秒後，再拍攝下一位女生。若所有男生拍攝完畢時，所有女生也恰好拍完。請問這個班級拍攝大頭照共花了多少時間？

(A)14 分 7 秒　(B)15 分 8 秒　(C)16 分 9 秒　(D)17 分 10 秒

深化觀念

首先，我們必須先具備下面 2 個「比與比例」的基本觀念。

【1】$a : b = c : d$ 稱為比例式，a, b 稱為外項，b, c 稱為內項。

【2】$a : b = c : d \Rightarrow ad = bc$ 外項積等於內項積

心法解析

我們先假設男生有 x 人，女生有 y 人

男生完成一次拍照加上間隔時間花費 $31 + 3 = 34$ 秒

女生完成一次拍照加上間隔時間花費 $47 + 3 = 50$ 秒

因為所有男生拍攝完畢時，所有女生也恰好拍完，

扣除最後一人不用再等待，所以拍攝時間 $34x - 3 = 50y - 3$

$\Rightarrow 34x = 50y \Rightarrow 17x = 25y \Rightarrow x : y = 25 : 17$

所以我們可以假設男生 $25r$ 人，女生有 $17r$ 人 $\Rightarrow$ 總共 $25r + 17r = 42r$ 人，r 為正整數

而班上人數不超過 45 人，所以我們應該取 $r = 1 \Rightarrow$ 男生 25 人，女生 17 人

因此拍攝時間 $34x - 3 = 34 \times 25 - 3 = 847$ 秒，

又 1 分鐘有 60 秒，轉換單位 $847 \div 60 = 14 \cdots 7$，所以拍攝時間花費 14 分 7 秒

故本題答案為(A)

如圖，長方形 $ABCD$ 中，M、N 兩點分別是 $\overline{AB}$、$\overline{CD}$ 的中點，且長方形 $AMND$ 分成甲、乙兩長方形，長方形 $MBCN$ 分成丙、丁兩長方形。若面積比甲：乙 $=7：3$，丙：丁 $=5：9$，則乙：丙 $=?$

(A)1：1　(B)3：5　(C)21：25　(D)27：35

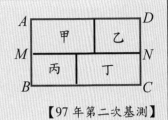

【97 年第二次基測】

深化觀念

首先，我們必須先具備底下「連比例」的基本觀念。

若 $x：y：z=a：b：c\,(a, b, c \neq 0)$，稱為連比例式，

則 $\dfrac{x}{a}=\dfrac{y}{b}=\dfrac{z}{c} \Rightarrow$ 可設 $x=ar$，$y=br$，$z=cr\,(r \neq 0)$

心法解析

這個題目是想測驗同學連比例的觀念，但我們在解題的過程中，若使用過多的符號假設會因此變的非常繁瑣。事實上，我們只要善用「和比例」就可以輕鬆解題了。

甲：乙 $=7：3$，丙：丁 $=5：9$，當然乙：丙 $\neq 3：5$。

因為 M、N 兩點分別是 $\overline{AB}$、$\overline{CD}$ 的中點，

所以長方形 $AMND=$ 長方形 $MBCN \Rightarrow$ 甲 $+$ 乙的面積 $=$ 丙 $+$ 丁的面積

甲：乙：(甲 $+$ 乙)$=7：3：10$

丙：丁：(丙 $+$ 丁)$=5：9：14$

我們不妨放大連比例各項，讓甲 $+$ 乙 $=$ 丙 $+$ 丁，

因為[10, 14]$=70$，所以

甲：乙：(甲 $+$ 乙)$=7：3：10=49：21：70$（各項乘上 7）

丙：丁：(丙 $+$ 丁)$=5：9：14=25：45：70$（各項乘上 5）

此時就可以輕鬆得出乙：丙 $=21：25$

故本題答案為(C)

本題中，我們運用幾何觀念與「和比例」的觀念，讓甲 $+$ 乙 $=$ 丙 $+$ 丁，就可以很容易的求出甲，乙，丙，丁四塊長方形的連比了。

下面我給同學一個「連比例」觀念的思考題。同學可以立即演練看看，測試自己是否已能完全掌握這個數學觀念。

甲、乙、丙三人合資 42000 元經商，已知丙出資本 18000 元，一年後按所出資本之比分配盈利，若甲得 3125 元，乙得 4375 元，則丙應得多少元？
(A)5625 元　(B)5630 元　(C)5635 元　(D)5640 元。

心法解析

題目中表示 ⇒ 出資比甲：乙：丙 = 盈利比甲：乙：丙

因此很多同學會先設法求出甲、乙、丙的出資比，再求出丙應得的盈利，

但這麼一來，勢必得花費很多時間才能將此題解出。

事實上，我們可以先求(甲+乙)與丙的出資比

出資比(甲+乙)：丙 = (42000 − 18000)：18000 = 24000：18000 = 4：3

盈利比(甲+乙)：丙 = (3125 + 4375)：x = 7500：x

⇒ 4：3 = 7500：x ⇒ $4x = 3 \times 7500$ ⇒ $x = 5625$

故本題答案為(A)

相同的，我們運用「和比例」的觀念，就可以輕鬆的求出丙應得多少元。

試題 012A

如圖，在地面上有一個鐘，鐘面的 12 個粗線刻度是整點時時針（短針）所指的位置。根據圖中時針與分針（長針）的位置，該鐘面所顯示的時刻在下列哪一範圍內？

(A)3 點～4 點　(B)6 點～7 點　(C)8 點～9 點　(D)10 點～11 點

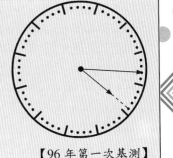

【96 年第一次基測】

深化觀念

這是一個測驗「比與比例」與「旋轉」觀念的試題。

心法解析

我在指導學生時，問同學該怎麼解決這個題目，所有同學都會回答我「旋轉」，但我再進一步的問同學「要怎麼轉，轉到什麼位置」就沒多少人可以回答出來了。事實上，這個題目除了測驗旋轉的數學觀念之外，真正最重要的核心觀念是時鐘的時針與分針轉動的比例。

我打趣的和同學說：「這其實個高級的鐘錶，上面沒有數字，越高級的鐘錶上面的物件越少，它可以不用標示數字，改鑲鑽石。但如果指針也想省略，還是可以大概知道幾點幾分，可以去掉什麼指針？」

當然秒針一定可以省略，而分針和時針則是分針可以省略。

因為分針走一圈 60 小格，而時針則走了 5 小格。

轉動比例⇒分針：時針 = 60：5 = 12：1

因此，時針走 1 格則分針走 12 格，也就是 12 分。

所以只要具備有時針的鐘錶，其實就可以概略知道是幾點幾分了。

本題中，時針走了 4 小格，表示分針走了 12 × 4 = 48 格，也就是 48 分。

因此只要將時鐘分針轉至 48 分的位置，

就可看出時間是 10 點 48 分了。

故本題答案為(D)

 下面我將題目多加入「鏡射」的觀念。同學可以立即演練看看，測試自己是否已能完全掌握這個數學觀念。

試題 012B

地面上掉落了一個鐘，阿群從牆壁上的鏡子，看到鐘面的時針分針所指的位置如右圖。根據圖中時針與分針（長針）的位置，該鐘面所顯示的時刻為幾點幾分？

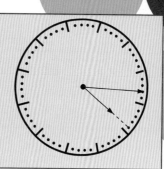

心法解析

因為這是鏡中的影像，真正時鐘的狀況應該是他的對稱圖形。

 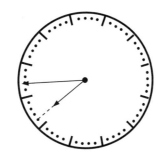

轉動比例 ⇒ 分針：時針 = 60：5 = 12：1

因此，時針走 1 格則分針走 12 格，也就是 12 分。

本題中，時針走了 1 小格，

表示分針走了 12 格，也就是 12 分。

因此只要將時鐘分針轉至 12 分的位置，

就可看出時間是 1 點 12 分了。

1-2 代數與座標系

已知 $1^2 + 1 = 2^2 - 2$，

$2^2 + 2 = 3^2 - 3$，

$3^2 + 3 = 4^2 - 4$，

$\vdots$

$99^2 + 99 = 100^2 - 100$，

若 $1123^2 + 1123 + 2248 + 1125 = a^2$，且 $a > 0$，則 $a = ?$

(A)1124　(B)1125　(C)1126　(D)1136

【95 年第二次基測】

深化觀念

首先，我們必須先具備下面 3 個「乘法公式」的基本觀念。

【1】$(a+b)^2 = a^2 + 2ab + b^2$（和的完全平方公式）

【2】$(a-b)^2 = a^2 - 2ab + b^2$（差的完全平方公式）

【3】$(a+b)(a-b) = a^2 - b^2$（平方差公式）

心法解析

在我的教學的經驗中，經常看到同學遇到數字運算型式的乘法公式考題，往往在還沒有了解題意的情況下，就暴力乘開計算，只要數據不大，多半也能求出正確的答案。然而，這樣的試題就無法測試出同學是否具備乘法公式的觀念了。

這個乘法公式的試題，因為數字較為龐大，同學無法在暴力乘開後還能得知是哪個數字的平方，一定必須了解題意後，才能輕鬆的答題。

我們在觀察前面所列舉的規律後，可以推測出 $1123^2 + 1123 = 1124^2 - 1124$

所以 $1123^2 + 1123 + 2248 + 1125 = 1124^2 - 1124 + 2248 + 1125$

$= 1124^2 + 2248 + 1 = 1124^2 + 2 \times 1124 \times 1 + 1^2 = (1124 + 1)^2 = 1125^2$

因此 $a = 1125$

故本題答案為(B)

 下面我給同學一個「乘法公式」觀念的思考題。同學可以立即演練看看，測試自己是否已能完全掌握這個數學觀念。

試題 013B

若 $a = \underbrace{999\cdots9}_{2012\ \text{個}\ 9} \times \underbrace{999\cdots9}_{2012\ \text{個}\ 9} + \underbrace{1999\cdots9}_{2012\ \text{個}\ 9}$，則 a 的末尾有多少個連續的 0？

(A)4024 個　(B)4026 個　(C)4028 個　(D)4030 個

深化觀念

首先，我們必須先具備下面 3 個「指數律」的基本觀念。

【1】$a^m \cdot a^n = a^{m+n}$

【2】$(a^m)^n = a^{m \cdot n}$

【3】$a^n \cdot b^n = (ab)^n$

心法解析

這也是一個數據異常龐大的問題，當然同學無法暴力乘開來解題。

我們先看出 $\underbrace{999\cdots9}_{2012\ \text{個}\ 9}$ 很靠近 $\underbrace{1000\cdots0}_{2012\ \text{個}\ 0} = 10^{2012}$ ，

所以可以將 $\underbrace{999\cdots9}_{2012\ \text{個}\ 9}$ 改為 $10^{2012} - 1$，我們以較方便的指數型式來表示。

同樣的 $\underbrace{1999\cdots9}_{2012\ \text{個}\ 9}$ 很靠近 $\underbrace{2000\cdots0}_{2012\ \text{個}\ 0} = 2 \times 10^{2012}$

所以可以將 $\underbrace{1999\cdots9}_{2012\ \text{個}\ 9}$ 改為 $2 \times 10^{2012} - 1$，我們也以較方便的指數型式來表示。

因此 $a = (10^{2012} - 1)^2 + 2 \times 10^{2012} - 1$ 以乘法公式展開

$\quad = [(10^{2012})^2 - 2 \times 10^{2012} \times 1 + 1^2] + 2 \times 10^{2012} - 1$

$\quad = 10^{4024}$

而 10^{4024} 表示末尾連續有 4024 個 0

故本題答案為(A)

某漱口水瓶上標示正確使用方式：一次使用量為瓶蓋容量的 $\frac{1}{3}$。小瑜買了一瓶，誤將 $\frac{1}{3}$ 看成 $\frac{1}{2}$，在使用 10 次後才發現錯誤，此時漱口水已剩原來的 $\frac{3}{4}$，若往後小瑜依正確方式使用完畢，則還可以用多少次？

(A)30　(B)45　(C)60　(D)75 　　　　　　　【95 年第一次基測】

深化觀念

這是一個測驗「以符號代表數」觀念的試題。

心法解析

在教學的過程中，我經常遇到同學解不出這個很基本的基測考題。第一眼看到這個題目會覺得它像是分數運算的應用問題，同學會試著去列出分數計算的算式，但卻怎麼也列不出來。

事實上，我們可以使用一些代數符號來假設條件，就可以讓運算變的更容易理解。

我們不妨假設漱口水一瓶容量為 x，瓶蓋容量為 y，

因為瓶蓋容量的 $\frac{1}{2}$ 使用 10 次，漱口水剩下原來的 $\frac{3}{4}$，表示已用去 $\frac{1}{4}$ 瓶

因此 $10 \times \frac{1}{2}y = \frac{1}{4}x \Rightarrow 5y = \frac{1}{4}x \Rightarrow 20y = x$

剩下 $\frac{3}{4}$ 瓶的漱口水，每次使用瓶蓋容量的 $\frac{1}{3}$，

可以使用的次數為 $\dfrac{\frac{3}{4}x}{\frac{1}{3}y} = \dfrac{\frac{3}{4} \times 20y}{\frac{1}{3}y} = \dfrac{15}{\frac{1}{3}} = 45$ 次

故本題答案為(B)

下面我給同學一個「以符號代表數」觀念的應用題。同學可以立即演練看看，測試自己是否已能完全掌握這個數學觀念。

試題 014B

創創家有 10 人、守守家有 8 人，兩家人一同看表演，該場表演的票價如圖所示。若創創家的總票價比守守家少 60 元，則創創家的半票比守守家的半票多幾張？

(A)0　(B)2　(C)4　(D)6

票價		
全票	60	元／張
半票	30	元／張

【93 年第一次基測】

深化觀念

這是一個測驗「以符號代表數」與「等量公理」觀念的試題。

心法解析

我們經常可以在基測考試中，看到這種形式的命題，但是同學面對這種形式的基測考題，卻也是經常不知道該如何的破題、解題。在這個應用問題中，因為條件不夠的關係，我們是無法確定創創家的半票與守守家的半票有幾張，但題目所問的創創家的半票比守守家的半票多幾張，卻是可以求出來的。

在題目中，我們不知道創創家的全票、半票張數，守守家的全票、半票張數，一共有 4 個未知的數，究竟我們該假設哪幾個未知數，才會讓計算變的較為容易簡單呢？

事實上，我們由題目的所求中可以看出，我們應該假設

創創家的半票有 x 張，則全票有 $10 - x$ 張

守守家的半票有 y 張，則全票有 $8 - y$ 張

而題目所求的是 $x - y = ?$

這樣的假設，可以讓計算變的較為容易簡單。

又創創家的總票價比守守家少 60 元，

表示 $30x + 60(10 - x) = 30y + 60(8 - y) - 60$ 左右同除以 30

$\Rightarrow x + 2(10 - x) = y + 2(8 - y) - 2$

$\Rightarrow x + 20 - 2x = y + 16 - 2y - 2$

$\Rightarrow x - y = 6$

故本題答案為(D)

有甲、乙兩個大小不同的水桶，容量分別為 x、y 公升，且已各裝一些水。若將甲中的水全倒入乙後，乙只可再裝 20 公升的水；若將乙中的水倒入甲，裝滿甲水桶後，乙還剩 10 公升的水，則 x、y 的關係為何？

(A) $y = 20 - x$　(B) $y = x + 10$　(C) $y = x + 20$　(D) $y = x + 30$　　　　【99 年第二次基測】

深化觀念

這是一個測驗「列出二元一次方程式」觀念的試題。

心法解析

在這個倒水問題中，因為我們不知道原先兩水桶內有多少水，使得列式變的不容易。

所以我們不妨先假設：甲水桶原有水 a 公升，乙水桶原有水 b 公升

因為甲中的水全倒入乙後，乙只可再裝 20 公升的水

所以 $y = a + b + 20 \cdots (1)$

而乙中的水倒入甲，裝滿甲水桶後，乙還剩 10 公升的水

所以 $x = a + b - 10 \cdots (2)$

我們將算式(1) － 算式(2)

$\Rightarrow y - x = 30 \Rightarrow y = x + 30$

故本題答案為(D)

在這個題目中，同學往往不敢大膽的去假設未知數，當然就不容易列出方程式了。

國中數學滿分心法：引爆中學生數學能力的奧義

下面我給同學一個「列出二元一次方程式」觀念的應用題。同學可以立即演練看看，測試自己是否已能完全掌握這個數學觀念。

試問大於 10 小於 100 的正整數中，有幾個正整數的十位數字與個位數字對調後所形成的新數比原數多 18？

(A)5　(B)6　(C)7　(D)8

心法解析

這是一個常見的數字對調問題，但卻因為條件給的不夠，使得我們只能列出一道二元一次方程式，也因此解答會不只一組。

首先，在原數中我們假設十位數字為 x，個位數字為 y

$\Rightarrow$ 原數為 $10x+y$，對調後的新數為 $10y+x$

又新數比原數多 18，

所以 $(10y+x)-(10x+y)=18$

$\Rightarrow 10y+x-10x-y=18$

$\Rightarrow 9y-9x=18$

$\Rightarrow y-x=2$

因為 x,y 都可以是十位數字，所以 x,y 只能是 1～9 的正整數，我們列表討論如下。

x	1	2	3	4	5	6	7
y	3	4	5	6	7	8	9

因此總共有 7 組解

故本題答案為(C)

若大軍買了數支 10 元及 15 元的原子筆，共花費 90 元，則這兩種原子筆的數量可能相差幾支？

(A)2　(B)3　(C)4　(D)5　　　　　　　　　　　　　　　　　　　【97 年第一次基測】

深化觀念

這是一個測驗「二元一次方程式整數解」觀念的試題。

心法解析

我們先假設買了 10 元 x 支，15 元 y 支。

因為總共花費 90 元，

可以列式 $10x + 15y = 90 \Rightarrow 2x + 3y = 18$

因為 x, y 只能是大於等於 0 的整數，所以解為有限多組，我們討論如下。

x	9	6	3	0
y	0	2	4	6

這裡有一個小技巧，能讓找出二元一次方程式解的過程比較快速順利。

我們可以從係數較大的 y 開始討論，

當 $y = 0$，得到 $x = 9$ 我們有了第一組解，

之後其他的整數解，y 就加上 x 的係數 2，成為等差數列 0，2，4，6

反之 x 則減去 y 的係數 3，成為等差數列 9，6，3，0

最後可得兩種筆的數量相差 $|x - y| = 9$，4，1，6 支，事實上答案有 4 種可能。

因為可能相差 4 支，故本題答案為(C)

國中數學滿分心法：引爆中學生數學能力的奧義

下面我給同學一個「二元一次方程式整數解」觀念的思考題。同學可以立即演練看看，測試自己是否已能完全掌握這個數學觀念。

阿群有 53 根牙籤棒，排出一個四邊形需 4 根，兩個四邊形需 8 根，……；排出一個五邊形需 5 根，兩個五邊形需 10 根，……。如果用完所有的火柴棒排出一些四邊形和五邊形，下列敘述何者不可能？

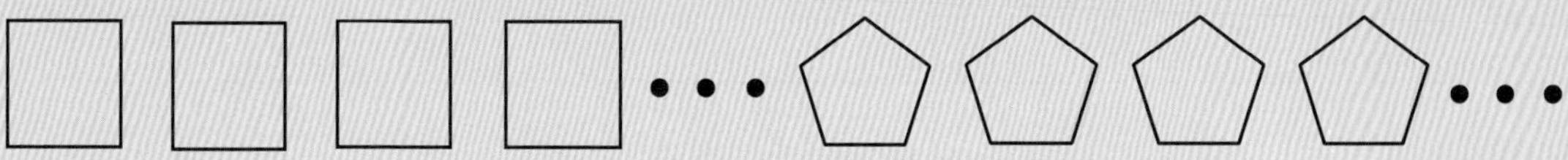

(A)奇數個五邊形　　(B)偶數個五邊形　　(C)奇數個四邊形　　(D)偶數個四邊形

心法解析

我們不妨先假設四邊形排了 x 個，五邊形排了 y 個。

因為總有 53 根牙籤，所以 $4x + 5y = 53$

因為 x, y 只能是大於等於 0 的整數，所以解為有限多組，我們討論如下。

x	12	7	2
y	1	5	9

先從係數較大的 y 開始討論，

當 $y=1$，得到 $x=12$ 我們有了第一組解，

之後其他的整數解，y 就加上 x 的係數 4，成為等差數列 1，5，9

反之 x 則減去 y 的係數 5，成為等差數列 12，7，2。

因為五邊形可能的數量 1，5，9 皆為奇數

故本題答案為(B)

事實上，若只是要選出正確選項，我們也可以由奇偶性快速判斷出答案。

由方程式 $4x + 5y = 53$ 中，我們可以知道 $4x$ 必為偶數，

若 $5y$ 也為偶數則相加不可能會成為奇數 53，因此 y 不可能為偶數。

某書店的文具價格為：鉛筆一支 7 元、原子筆一支 15 元、橡皮擦一個 20 元。若有 5 位小朋友，每人各買一件文具，共花了 64 元，則其中有幾個人買原子筆？

(A)4　(B)3　(C)2　(D)1　　　　　　　　　　　　　　　　　　　【94 年第二次基測】

深化觀念

這是一個測驗「二元一次聯立方程式」觀念的應用問題。

心法解析

這是基測考試中很經典的一個試題，因為未知的數量有三種，但是能列出來的方程式卻只有兩道，這讓同學不知所措，事實上，各數量還有整數這個限制，我們可以稍加討論後，就能得到答案，但「討論」卻往往就是國中同學最弱的部分。

從題意中，我們可以發現文具有三種，因此我們不妨可以就大膽假設三個未知數。

假設鉛筆 x 支，原子筆 y 支、橡皮擦 z 個

因為有 5 位小朋友，每人各買一件文具，共花了 64 元，

所以 $\begin{cases} x+y+z=5 \\ 7x+15y+20z=64 \end{cases}$，題目最後希望求出 $y=$ ？

然而有三個未知數，卻只有兩道方程式，我們該怎麼樣去求出答案呢？

事實上，因為 x, y, z 為大於等於 0 的整數，

所以我們可以先討論 $z=0 \Rightarrow \begin{cases} x+y=5 \\ 7x+15y=64 \end{cases} \Rightarrow y=\dfrac{29}{8}$ 是分數不合。

若 $z=1 \Rightarrow \begin{cases} x+y+1=5 \\ 7x+15y+20=64 \end{cases} \Rightarrow \begin{cases} x+y=4 \\ 7x+15y=44 \end{cases} \Rightarrow \begin{cases} x=2 \\ y=2 \end{cases}$ 則為符合題意的正確結果。

因此，我們可以知道有 2 個人買原子筆。

故本題答案為(C)

 下面我再給同學一個「二元一次聯立方程式」觀念的應用題。同學可以立即演練看看，測試自己是否已能完全掌握這個數學觀念。

農夫賣出兩頭乳牛，得款 21000 元，已知他在第一頭牛上賺了 10%，而在另一頭牛上則虧了 10%，而最後結帳時，他還是賺了 5%。試問：兩頭乳牛原來的成本共多少元？

(A)18000　(B)18500　(C)19000　(D)20000

心法解析

在這個應用問題中，我們可以先假設，

第一頭乳牛的成本 x 元，第二頭乳牛的成本 y 元。

因為第一頭牛賺了 $10\% \Rightarrow$ 賺 $\dfrac{10}{100}x$ 元 $\Rightarrow$ 得款 $(1+10\%)x = \dfrac{110}{100}x$ 元

第二頭乳牛虧了 $10\% \Rightarrow$ 虧 $\dfrac{10}{100}y$ 元 $\Rightarrow$ 得款 $(1-10\%)x = \dfrac{90}{100}y$ 元

又兩頭乳牛，得款 21000 元 $\Rightarrow \dfrac{110}{100}x + \dfrac{90}{100}y = 21000$

最後結帳時，他還是賺了 $5\% \Rightarrow \dfrac{10}{100}x - \dfrac{10}{100}y = \dfrac{5}{100}(x+y)$

重新整理方程式後可得 $\begin{cases} 11x+9y=210000 \\ x-3y=0 \end{cases} \Rightarrow \begin{cases} x=15000 \\ y=5000 \end{cases}$

兩頭乳牛的成本共 $x+y=20000$ 元

故本題答案為(D)

如圖，將一白繩的 $\frac{3}{8}$ 與一紅繩的 $\frac{1}{3}$ 重疊並以膠帶黏合，形成一條長為 238 公分的繩子。求未黏合前，兩繩長度相差多少公分？

(A)14　(B)17　(C)28　(D)34

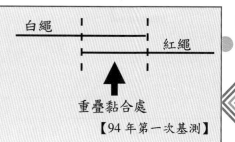

重疊黏合處

【94 年第一次基測】

深化觀念

這是一個測驗「二元一次聯立方程式」觀念的應用問題。

心法解析

面對這個試題我們有兩種不同的解題策略。

第一種想法是我們不妨就直接假設白繩長 x 公分，紅繩長 y 公分，

利用重疊處等長與總長度為 238 公分，可以列出兩道方程式。

$$\Rightarrow \begin{cases} \frac{3}{8}x = \frac{1}{3}y \\ x + \frac{2}{3}y = 238 \end{cases} \Rightarrow \begin{cases} x = 136 \\ y = 153 \end{cases} \Rightarrow \text{兩繩長度相差 } y - x = 17 \text{ 公分}$$

列式的過程雖然不困難，但因數字較為龐大，在解聯立方程式的過程並不輕鬆。

第二種想法是我們可以運用「連比例」的觀念。

白繩左右兩段比 $= 5 : 3$

紅繩左右兩段比 $= 1 : 2$

因重疊處為白繩右段 = 紅繩左段 $\Rightarrow$ 紅繩左右兩段比 $= 3 : 6$（放大 3 倍）

因此繩子的三段比，左段：中段：右段 $= 5 : 3 : 6$

我們可以假設左段 $5r$ 公分，中段 $3r$ 公分，右段 $6r$ 公分

繩子總長為 $5r + 3r + 6r = 14r = 238 \Rightarrow r = 17$

又白繩 $8r$ 公分，紅繩 $9r$ 公分，所以兩繩長度相差 r 公分 $= 17$ 公分

故本題答案為(B)

比較兩種解法，我們可以知道利用「連比例」的想法，較能輕鬆的解出這個試題。

 下面我再給同學一個「二元一次聯立方程式」觀念的應用題。同學可以立即演練看看，測試自己是否已能完全掌握這個數學觀念。

將長 92 公分的繩子圍成一矩形，而此矩形可割成 8 個全等的小矩形，則每個小矩形的面積為_____平方公分。

(A)56　(B)60　(C)72　(D)80

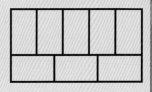

心法解析

我們可以假設小矩形長 x 公分，寬 y 公分

由大矩形的長可知 $3x = 5y$

又因為長 92 公分的繩子圍成大矩形，表示大矩形周長為 92 公分

所以大矩形的長 + 寬 = 46 $\Rightarrow 3x + (x+y) = 46$

整理後可得 $\begin{cases} 3x = 5y \\ 4x + y = 46 \end{cases} \Rightarrow \begin{cases} x = 10 \\ y = 6 \end{cases}$

因此矩形的面積 $xy = 60$ 平方公分

故本題答案為(B)

小君帶 200 元到文具行購買每枝 17 元的鉛筆和每枝 30 元的原子筆。若小君買的鉛筆比原子筆多 3 枝，則小君最多可買到幾枝原子筆？

(A)2　(B)3　(C)4　(D)5

【95 年第一次基測】

深化觀念

首先，我們必須先具備下面 2 個「一元一次不等式」的基本觀念。

【1】一元一次不等式：$ax+b>0$（$a \neq 0$，$ax+b<0$ 的情況類似）

(1)$a>0 \Rightarrow x>-\dfrac{b}{a}$　　　　(2)$a<0 \Rightarrow x<-\dfrac{b}{a}$

【2】一元一次不等式含等號：$ax+b \geq 0$（$a \neq 0$，$ax+b \leq 0$ 的情況類似）

(1)$a>0 \Rightarrow x \geq -\dfrac{b}{a}$　　　　(2)$a<0 \Rightarrow x \leq -\dfrac{b}{a}$

心法解析

我們可以先假設小君買了 x 枝原子筆，

因為鉛筆比原子筆多 3 枝，所以買了 $x+3$ 枝鉛筆

又小君帶 200 元，買每枝 17 元的鉛筆和 30 元的原子筆，但不一定要用完身上的錢。

所以 $17(x+3)+30x \leq 200 \Rightarrow 17x+51+30x \leq 200 \Rightarrow 47x \leq 149 \Rightarrow x \leq 3\dfrac{8}{47}$

因此，小君最多可買 3 枝原子筆

故本題答案為(B)

下面我再給同學一個「一元一次不等式」觀念的應用題。同學可以立即演練看看，測試自己是否已能完全掌握這個數學觀念。

試題 019B

阿群老師暑期參加校外服務隊，利用假日帶育幼院的小朋友去科博館參觀，下表是館區門票的價格，若他們超過 50 人，但不足 100 人，用七折價買 100 張入場券，比依實際人數買票打八折還便宜，則他們最少共有多少人？

全票	學生票	團體票 50 人 （含）以上	團體票 100 人 （含）以上
150 元	100 元	打八折	打七折

(A)88 人　(B)89 人　(C)90 人　(D)91 人

心法解析

我們不妨先假設小朋友有 x 人，

因為阿群老師要買全票，所以原價為 $150 + 100x$ 元

打八折後為 $\dfrac{80}{100}(150 + 100x)$ 元

而 100 張入場券，原價為 $150 + 100 \times 99$ 元

打七折後為 $\dfrac{70}{100}(150 + 100 \times 99)$ 元

因為用七折價買 100 張入場券，比依實際人數買票打八折還便宜。

所以 $\dfrac{80}{100}(150 + 100x) > \dfrac{70}{100}(150 + 100 \times 99)$

$\Rightarrow 1200 + 800x > 1050 + 69300 \Rightarrow 800x > 69150 \Rightarrow x > 86.\sim \Rightarrow$ 最少取 $x = 87$

加上阿群老師後，總人數最少共 88 人

故本題答案為(A)

班上候選人有阿文與其他三位同學，欲選出較高票的兩人參加畫圖比賽。已知總投票數為 31 票且阿文目前得 11 票。下列對阿文的敘述何者正確？

(A)確定當選　(B)確定落選　(C)不能確定當選，因為 11 票未過總數的一半　(D)不能確定落選，因為不知其他三人的票數

【94 年基測示範題】

深化觀念

這是一個測驗「不等式」觀念的應用問題。

心法解析

在經常需要選舉的台灣，這真是一個我們應該好好的去理解的試題。

我們可以假設最低 x 票就可以篤定當選

若當選的兩人恰好都只得到 x 票，則剩下票數為 $31 - 2x$ 票，

就算這些剩下票都投給同一人，他還是不能當選。

因此 $x > 31 - 2x \Rightarrow 3x > 31 \Rightarrow x > 10\frac{1}{3}$，最少取 $x = 11$

也就是最少得到 11 票就可以篤定當選，因此阿文確定當選。

故本題答案為(A)

由解題的過程中，我們也可以發現，最低當選票數只與「總投票數」和「選出人數」有關，但卻與「參選人數」無關。

國中數學滿分心法：引爆中學生數學能力的奧義

下面我再給同學一個「不等式」觀念的應用題。同學可以立即演練看看，測試自己是否已能完全掌握這個數學觀念。

某旅館一樓的客房比二樓的客房少 5 間，今有一旅遊團 48 人，若全部安排住在一樓，每間住 4 人時，房間不夠，每間住 5 人時，有的房間未住滿；又若全部安排住在二樓，每間住 3 人時，房間不夠，每間住 4 人時，有的房間沒有住滿；則這家旅館的一樓共有客房多少間？
(A)9　(B)10　(C)11　(D)12

心法解析

我們可以假設一樓有客房 x 間，

因為一樓的客房比二樓的客房少 5 間，所以二樓有客房 $x+5$ 間。

若全部安排住在一樓，

每間住 4 人時，房間不夠，所以 $4x<48 \Rightarrow x<12$

每間住 5 人時，有的房間未住滿，所以 $5x>48 \Rightarrow x>9\dfrac{3}{5}$

因此，x 可能是 10，11

若全部安排住在二樓，

每間住 3 人時，房間不夠，所以 $3(x+5)<48 \Rightarrow x<11$

每間住 4 人時，有的房間沒有住滿，所以 $4(x+5)>48 \Rightarrow x>7$

因此，x 可能是 8，9，10

同時符合題意限制的 $x=10$，所以一樓有 10 間客房

故本題答案為(B)

如圖，有 A 型、B 型、C 型三種不同的紙板，其中 A 型：邊長為 π 公分（π 為圓周率）的正方形，共有 7 塊；B 型：長為 π 公分，寬為 1 公分的長方形，共有 17 塊；C 型：邊長為 1 公分的正方形，共有 12 塊。從這 36 塊紙版中，拿掉一塊紙板，使得剩下的紙板在不重疊的情況下，可以緊密的排出一個大長方形，請問拿掉的是哪一種紙板？

(A)A 型　(B)B 型　(C)C 型　(D)完全不用拿掉，就可以排出一個大長方形

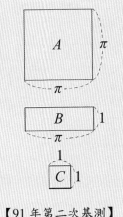

【91 年第二次基測】

深化觀念

這是一個測驗「因式分解」觀念的幾何試題。

心法解析

當我們將兩式相乘，以分配律乘開可以得到其展開式。而因式分解的觀念則是一種逆向思考、一種反運算，我們先有展開式再分解回相乘的兩式。在幾何意義上，因為長方形長乘寬可以得到面積，因此因式分解觀念則可以視為長方形已知面求長寬。但許多同學卻不具備有這樣的觀念，以致於基測考題想測試同學這個觀念時，同學卻往往會誤以為考題是真的要他拼圖湊湊看。然而在紙筆測驗的情形下，我們不可能去毀損測驗卷，當然也就不可能真的去剪下這些長方形來拼拼看了。

因此，本題的思考破解方式是先將原來的總面積求出，再逐一的去掉 A、B、C，嘗試是否可以因式分解，若可以因式分解，就表示可以拼成一個長方形。

原面積 $= 7A + 17B + 12C = 7\pi^2 + 17\pi + 12$

若去掉一個 $A \Rightarrow 6A + 17B + 12C = 6\pi^2 + 17\pi + 12 = (3\pi + 4)(2\pi + 3)$

表示可以拼成一個長 $3\pi + 4$、寬 $2\pi + 3$ 的長方形

若去掉 B、C 則無法分解。

故本題答案為(A)

 下面我再給同學一個「因式分解」觀念的幾何試題。同學可以立即演練看看，測試自己是否已能完全掌握這個數學觀念。

試題 021B

如圖，已知有下列的紙片，則再加入下列哪一個選項中的紙片後，就可排成一個大正方形？

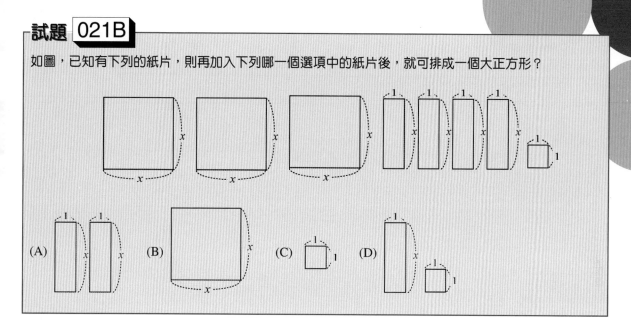

心法解析

如同前面題目，雖說是要拼湊出一個正方形，但事實上是要測驗同學因式分解的能力與觀念，而這個題目最後要拼湊的是長寬相同的正方形，更表示最後會分解出相同的兩式相乘，而成為完全平方式。

原面積 $= 3x^2 + 4x + 1$

若是加入(A)$2x$ 成為 $3x^2 + 6x + 1$ 無法因式分解。

若是加入(B)x^2 成為 $4x^2 + 4x + 1 = (2x + 1)^2$

表示可以拼成一個邊長 $2x + 1$ 的正方形

故本題答案為(B)

若一元二次方程式 $ax(x+1)+(x+1)(x+2)+bx(x+2)=2$ 的兩根為 0、2，則$|3a+4b|$之值為何？

(A)2　(B)5　(C)7　(D)8　　　　　　　　　　　　　　　　　　　　　【100 年北北基】

深化觀念

首先，我們必須先具備下面 3 個「一元二次方程式」的基本解法觀念。

一元二次方程式 $ax^2+bx+c=0$，$a \neq 0$

【1】因式分解：$(x-\alpha)(x-\beta)=0 \Rightarrow x=\alpha$或$\beta$

【2】配方法

【3】公式解：$x=\dfrac{-b \pm \sqrt{b^2-4ac}}{2a}$

心法解析

面對這個題目我們可以有兩種解題的想法。

第一種想法：

當我們看到一元二次方程式兩根為 0、2，

我們可以逆推回原方程式為 $x(x-2)=0 \Rightarrow x^2-2x=0$

又原方程式乘開整理後可得$(a+b+1)x^2+(a+3+2b)x=0$

所以$(a+b+1)：1=(a+3+2b)：(-2)$

$\Rightarrow a+3+2b=-2a-2b-2 \Rightarrow 3a+4b=-5$

因此$|3a+4b|=5$

第二種想法：

因為一元二次方程式兩根為 0、2，所以我們可以將兩根代入原方程式，

$x=0$ 代入 $\Rightarrow$ 只能得到 $2=2$

$x=2$ 代入 $\Rightarrow 6a+12+8b=2 \Rightarrow 6a+8b=-10 \Rightarrow 3a+4b=-5$

立刻就可得到$|3a+4b|=5$

故本題答案為(B)

這兩種想法都是解決一元二次方程式問題的重要方法，在面對此種類型的問題時，都可以運用這兩種方法來嘗試解題。

下面我再給同學一個「一元二次方程式」觀念的思考題。同學可以立即演練看看，測試自己是否已能完全掌握這個數學觀念。

試題 022B

若 a 為一元二次方程式 $x^2 - 3x + 1 = 0$ 的一根,則下列選項何者不正確?

(A) $a + \dfrac{1}{a} = -3$　(B) $a^2 = 3a - 1$　(C) $a^2 + \dfrac{1}{a^2} = 7$　(D) $\left(a - \dfrac{1}{a}\right)^2 = 5$

心法解析

要解出這個題目,若我們是使用公式法求出 $x = \dfrac{3 \pm \sqrt{5}}{2}$,再代入各選項判斷對錯是非常複雜且麻煩的。

事實上,既然 a 為方程式的一根,我們不妨先將它代入到方程式中,

即可得到 $a^2 - 3a + 1 = 0 \Rightarrow a^2 = 3a - 1$ 所以(B)選項正確

若左右同除以 $a \Rightarrow a - 3 + \dfrac{1}{a} = 0 \Rightarrow a + \dfrac{1}{a} = 3$ 所以(A)選項錯誤

若 $\left(a + \dfrac{1}{a}\right)^2 = 3^2 \Rightarrow a^2 + 2a \times \dfrac{1}{a} + \dfrac{1}{a^2} = 9 \Rightarrow a^2 + \dfrac{1}{a^2} = 7$ 所以(C)選項正確

若 $\left(a - \dfrac{1}{a}\right)^2 = a^2 - 2a \times \dfrac{1}{a} + \dfrac{1}{a^2} = a^2 - 2 + \dfrac{1}{a^2} = 7 - 2 = 5$ 所以(D)選項正確

故本題答案為(A)

已知一元二次方程式 $x^2 + ax - 16 = 0$ 的兩根均為整數，$a > 0$ 且 a 為二位數，求 a 的個位數字與十位數字相差為何？

(A)0　(B)1　(C)4　(D)6

【98 年第二次基測】

深化觀念

這是一個測驗一元二次方程式「十字交乘因式分解求解」觀念的試題。

心法解析

我們必須知道，當一元二次方程式兩根為整數根或分數根，就表示可以使用十字交乘因式分解法來求解。

而一元二次方程式 $x^2 + ax - 16 = 0$ 的兩根均為整數，

所以我們可以使用因式分解法來測試所有可能的 a。

$1 \diagdown 16$	$1 \diagdown -16$	$1 \diagdown 8$	$1 \diagdown -8$	$1 \diagdown 4$
$1 \diagup -1$	$1 \diagup 1$	$1 \diagup -2$	$1 \diagup 2$	$1 \diagup -4$
$a = 15$	$a = -15$	$a = 6$	$a = -6$	$a = 0$

又因為 $a > 0$ 且 a 為二位數，所以 $a = 15$

因此，個位數字與十位數字相差 4

故本題答案為(C)

下面我再給同學一個「十字交乘因式分解求解」觀念的思考題。同學可以立即演練看看，測試自己是否已能完全掌握這個數學觀念。

若一元二次方程式 $x^2 - 45x + m = 0$ 兩根為質數 a、b，則 $\dfrac{1}{a} + \dfrac{1}{b}$ 之值為何？

(A)$\dfrac{86}{45}$　(B)$\dfrac{85}{46}$　(C)$\dfrac{46}{85}$　(D)$\dfrac{45}{86}$。

心法解析

因為一元二次方程式 $x^2 - 45x + m = 0$ 兩根為質數 a、b

所以表示可以使用十字交乘因式分解法來求解。

我們可以由兩根 a、b 逆推回原方程式為 $(x - a)(x - b) = 0$

$\Rightarrow x^2 - (a + b)x + ab = 0$

比較根與係數，可得到 $\begin{cases} a + b = 45 \\ ab = m \end{cases}$

當兩質數根相加為 45，那麼兩質數為何？

因為質數除了 2 以外，其餘皆為奇數，

若是兩質數根皆為奇數 $\Rightarrow$ 奇數 + 奇數 = 偶數（不合）

表示有一根必為 2，則另一根為 43

所以 $\dfrac{1}{a} + \dfrac{1}{b} = \dfrac{1}{2} + \dfrac{1}{43} = \dfrac{45}{86}$

故本題答案為(D)

第一章　深化數學觀念

已知方程式 $x^2 - 5625 = 0$ 的兩根為 ± 75，則下列何者可為方程式 $x^2 + 6x - 5616 = 0$ 的解？

(A)$x = 69$　(B)$x = 72$　(C)$x = 77$　(D)$x = 81$　　　　　　　　【95 年第二次基測】

深化觀念

這是一個測驗一元二次方程式「配方法求解」觀念的試題。

心法解析

同學在解一元二次方程的問題時，通常會先嘗試十字交乘因式分解法，若無法順利分解，就會代公式來求解。但對一個常數項數值龐大的一元二次方程式，我們常常會無法順利因式分解，若代公式計算，也會因為判別式 $b^2 - 4ac$ 太大而無法順利開方。

事實上，常數項數值龐大的一元二次方程式，較簡單的解題方法是使用配方法來求解，而這也是在基測考題中經常測驗的數學觀念，因為這樣的命題方式，才能考驗同學是否會使用配方法解題。

$x^2 + 6x - 5616 = 0$

$\Rightarrow x^2 + 6x = 5616$

$\Rightarrow x^2 + 6x + 3^2 = 5616 + 3^2$

$\Rightarrow (x + 3)^2 = 5625$

$\Rightarrow x + 3 = \pm 75$

$\Rightarrow x = -3 \pm 75$

$\Rightarrow x = 72$ 或 -78

故本題答案為(B)

 下面我再給同學一個「配方法求解」觀念的試題。同學可以立即演練看看，測試自己是否已能完全掌握這個數學觀念。

關於方程式 $49x^2 - 98x - 1 = 0$ 的解，下列敘述何者正確？

(A)無解　(B)有兩正根　(C)有兩負根　(D)有一正根及一負根　　　【97 年第一次基測】

深化觀念

這是一個測驗一元二次方程式「配方法求解」觀念的試題。

心法解析

除了常數項數值龐大的一元二次方程式，我們使用配方法來求解會較為簡單，二次項係數龐大的一元二次方程式也是如此。

$49x^2 - 98x - 1 = 0 \Rightarrow 49x^2 - 98x = 1$

$\Rightarrow x^2 - 2x = \dfrac{1}{49} \Rightarrow x^2 - 2x + 1^2 = \dfrac{1}{49} + 1^2$

$\Rightarrow (x-1)^2 = \dfrac{50}{49} \Rightarrow x - 1 = \pm\sqrt{\dfrac{50}{49}}$

$\Rightarrow x = 1 \pm \sqrt{\dfrac{50}{49}} = 1 \pm \dfrac{5\sqrt{2}}{7}$

因為 $\sqrt{\dfrac{50}{49}} > 1$，所以有一正根及一負根

故本題答案為(D)

事實上，若 x 兩根 α 或 $\beta \Rightarrow (x - \alpha)(x - \beta) = 0 \Rightarrow x^2 - (\alpha + \beta) + \alpha\beta = 0$

我們也可以利用根與係數的觀念 $49x^2 - 98x - 1 = 0 \Rightarrow x^2 - 2x - \dfrac{1}{49} = 0$

$\Rightarrow \alpha + \beta = 2$，$\alpha\beta = -\dfrac{1}{49}$，就能夠立刻判斷出兩根為一正根、一負根。

試題 025A

已知 a、b 為方程式 $\left(\dfrac{2}{5}x+1\right)^2=680$ 的兩根，且 $a>b$，利用下表，求 $\dfrac{2}{5}a-\dfrac{2}{5}b$ 之值最接近下列哪一數？

(A)0　(B)2　(C)37　(D)52

N	$\sqrt{N}$	$\sqrt{10N}$
2	1.414	4.472
5	2.236	7.071
34	5.831	18.439
68	8.246	26.077

【94 年第二次基測】

深化觀念

這是一個測驗一元二次方程式「配方法求解」觀念的試題。

心法解析

在這個試題中，題目已經幫我們將一元二次方程式配方成 $\left(\dfrac{2}{5}x+1\right)^2=680$

當然我們立刻可得到 $\dfrac{2}{5}x+1=\pm\sqrt{680}$，同學切莫再將它展開代公式求解。

而 a、b 既然為方程式的兩根，且 $a>b$，因為題目要求的是 $\dfrac{2}{5}a-\dfrac{2}{5}b$，

我們此時可以先將 a, b 分別代入，可以得到

$$\Rightarrow \dfrac{2}{5}a+1=+\sqrt{680}$$

$$-)\ \dfrac{2}{5}b+1=-\sqrt{680}$$

$$\overline{\dfrac{2}{5}a-\dfrac{2}{5}b=2\sqrt{680}}$$

查表可知 $\dfrac{2}{5}a-\dfrac{2}{5}b=2\sqrt{680}\approx 2\times 26.077\approx 52$

故本題答案為(D)

 下面我再給同學一個「配方法求解」觀念的試題。同學可以立即演練看看，測試自己是否已能完全掌握這個數學觀念。

國中數學滿分心法：引爆中學生數學能力的奧義

樂樂以配方法解 $2x^2 - bx + a = 0$，可得 $x - \dfrac{3}{2} = \pm\dfrac{\sqrt{15}}{2}$。求 $a = ?$

(A)-6　(B)-3　(C)6　(D)3

【91 年第二次基測】

深化觀念

這是一個測驗一元二次方程式「配方法求解」觀念的試題。

心法解析

當我們看到題目表示配方法解 $2x^2 - bx + a = 0$，可得 $x - \dfrac{3}{2} = \pm\dfrac{\sqrt{15}}{2}$

往往就會開始對 $2x^2 - bx + a = 0$ 配方，再來作比較。但一個係數帶有未知數的二次方程式，配方並不容易。

事實上，我們可以逆向思考，由 $x - \dfrac{3}{2} = \pm\dfrac{\sqrt{15}}{2}$ 反推回原方程式。

因為 $x - \dfrac{3}{2} = \pm\dfrac{\sqrt{15}}{2}$

$\Rightarrow \left(x - \dfrac{3}{2}\right)^2 = \dfrac{15}{4}$

$\Rightarrow x^2 - 3x + \dfrac{9}{4} = \dfrac{15}{4}$

$\Rightarrow x^2 - 3x - \dfrac{3}{2} = 0$

$\Rightarrow 2x^2 - 6x - 3 = 0 \Rightarrow 2x^2 - bx + a = 0$

比較係數後，我們立刻可得知 $a = -3$，$b = 6$

故本題答案為(B)

下圖的長方形為某園遊會場地（長為 90 公尺，寬為 42 公尺），其中每一個灰色小格為面積相等的正方形，且各代表一個攤位。若圖中灰色區域（即攤位）的總面積為 720 平方公尺，則此園遊會場地共有多少個攤位？

(A)40　(B)45　(C)72　(D)80

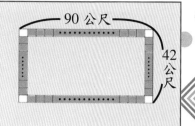

【98 年第二次基測】

深化觀念

這是一個測驗「方程式應用問題」觀念的試題。

心法解析

這個題目是 98 基測第二次考試的最後一題，也是一個很有意思的題目。題目本身想測驗同學的應該是一元二次方程式的觀念，但同學若用因數倍數的觀念來解題卻能夠更快速的求出答案。

第一種想法：

因為攤位為正方形，我們可以先假設其邊長為 x 公尺，再設法求出攤位數。

灰色部分面積 +4 個白色正方形 + 裡面白色長方形 = 大長方形面積

$\Rightarrow 720 + 4x^2 + (90 - 2x)(42 - 2x) = 90 \times 42$

$\Rightarrow 8x^2 - 264x + 720 = 0 \Rightarrow x^2 - 33x + 90 = 0 \Rightarrow (x - 3)(x - 30) = 0 \Rightarrow x = 3, 30$

30 太大不合，故正方形邊長為 3 公尺

攤位個數 = $720 \div 3^2 = 80$ 個

故本題答案為(D)

第二種想法：

因為正方形攤位的邊長能同時完整分割長與寬，

所以我們也可以將邊長視為長 90 與寬 42 的公因數。

因為 $(90, 42) = 6$，所以公因數為 1, 2, 3, 6

若正方形邊長為 6 $\Rightarrow$ 攤位個數 = $720 \div 6^2 = 20$ 個（無答案可選）

若正方形邊長為 3 $\Rightarrow$ 攤位個數 = $720 \div 3^2 = 80$ 個，故選(D)

當然這個解法是有一點缺失的，但卻可以較快速的判斷出答案。

 下面我再給同學一個「方程式應用問題」觀念的思考題。同學可以立即演練看看，測試自己是否已能完全掌握這個數學觀念。

試題 026B

丟番圖是古希臘的數學家,他去世時有人給他立了一塊墓碑,大意如下:「這裡埋葬著丟番圖,他生命的六分之一是歡樂的童年,再度過十二分之一,他長出了鬍子,又度過了七分之一,他結了婚,五年後,他生了兒子,可惜兒子的壽命只有父親的一半,在兒子死後四年,丟番圖也結束了人生的旅程」請問丟番圖活了多少歲?

(A)70　(B)84　(C)85　(D)91

心法解析

和上一個應用問題類似的,這個有趣的問題我們也可以有兩種解題想法。

第一種想法:

我們可以先假設丟番圖活了 x 歲

則童年 $\frac{1}{6}x$ 年,再過 $\frac{1}{12}x$ 年長鬍子,又過 $\frac{1}{7}x$ 年結婚,兒子壽命 $\frac{1}{2}x$ 歲

故可列式 $\frac{1}{6}x + \frac{1}{12}x + \frac{1}{7}x + 5 + \frac{1}{2}x + 4 = x$

左右同乘 84 倍 $\Rightarrow 14x + 7x + 12x + 420 + 42x + 336 = 84x$

$\Rightarrow 9x = 756 \Rightarrow x = 84$ 歲

故本題答案為(B)

第二種想法:

此外,因為丟番圖童年 $\frac{1}{6}x$ 年,再過 $\frac{1}{12}x$ 年長鬍子,又過 $\frac{1}{7}x$ 年結婚,兒子壽命 $\frac{1}{2}x$ 歲,這些數字應該皆為整數歲數,所以我們可以將年齡 x 歲視為 6, 12, 7, 2 的公倍數。

又最小公倍數 $[6, 12, 7, 2] = 84$,因為丟番圖不可能活 168 歲以上,所以我們可推知丟番圖活了 84 歲。

與前一個基測考題有異曲同工之妙,我們可以使用代數解法求得正確結果,卻也可以使用因數倍數的觀念快速求出答案,這一題多解的過程相信會讓同學有更多的體悟。

如圖，坐標平面有一個正方形 $ABCD$，A、C 的坐標分別為 $(1, 1)$、$(-1, -1)$。已知甲、乙兩人在 A 點第 1 次相遇後，甲自 A 點以每秒 a 公尺的速率，沿著正方形的邊以逆時針方向等速走；乙自 A 點以每秒 b 公尺的速率，沿著正方形的邊以順時針方向等速行走。若 $a \neq 7b$，且甲、乙第 2 次相遇在 D 點，則此兩人在第 91 次相遇在何處？

(A)A 點　(B)B 點　(C)C 點　(D)D 點

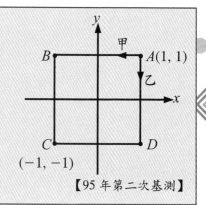

【95 年第二次基測】

深化觀念

首先，我們必須先具備下面 3 個「直角座標系」的基本觀念。

【1】直角座標系：
平面上，兩條互相垂直的數線，水平線為橫軸 x 軸，其右方為正向，左方為負向。
鉛直線為縱軸 y 軸，其上方為正向，下方為負向。交點 O 為原點。

【2】點的坐標：
平面上一點 P 作 x 軸垂足 A 對應數 a，P 點的 x 座標為 a。作 y 軸垂足 B 對應數 b，P 點的 y 座標為 b。則 (a, b) 為 P 點坐標，記為 $P(a, b)$。

【3】(1)第一象限 I$(+, +)$　(2)第二象限 II$(-, +)$　(3)第三象限 III$(-, -)$　(4)第四象限 IV$(+, -)$　(5)x 軸：$y = 0$　(6)y 軸：$x = 0$

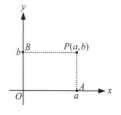

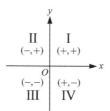

心法解析

因為甲、乙第 1 次相遇在 A 點，甲、乙第 2 次相遇在 D 點。而甲沿著正方形的邊以逆時針方向等速行走；乙沿著正方形的邊以順時針方向等速行走。

所以甲乙反向而行，繞一圈時，甲乙行走的距離比為 3：1

⇒ 第 1 次相遇在 A，第 2 次相遇在 D，第 3 次相遇在 C，第 4 次相遇在 B，
第 5 次相遇在 A，第 6 次相遇在 D，第 7 次相遇在 C，第 8 次相遇在 B，…

又 $91 \div 4 = 22 \cdots 3$，所以甲乙第 91 次相遇在 C

故本題答案為(C)

下面我再給同學一個「直角座標系」觀念的思考題。同學可以立即演練看看，測試自己是否已能完全掌握這個數學觀念。

小明、小美分別由 $A(2, 0)$ 同時出發，繞正方形 $BCDE$ 周界運動，小明依逆時針方向作 1 單位／秒等速運動，小美依順時針方向作 2 單位／秒等速運動，則兩人出發後第 10 次相遇之地點座標為？

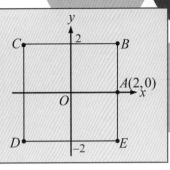

深化觀念

首先，我們必須先具備下面 3 個「直角座標系」的基本觀念。

若座標平面上有一點 $P(a, b)$

【1】P 到 x 軸距離為 $|b|$，P 到 y 軸距離為 $|a|$，

【2】P 對 x 軸垂足為 $(a, 0)$，P 對 y 軸垂足為 $(0, b)$，

【3】P 對 x 軸對稱點為 $(a, -b)$，P 對 y 軸對稱點為 $(-a, b)$，P 對 O 點對稱點為 $(-a, -b)$，

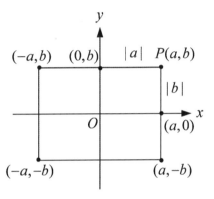

心法解析

小明、小美反向而行，繞一圈時小明、小美行走的距離比為 $1 : 2$

因為正方形邊長為 4，周長為 16

$\Rightarrow$ 第 1 次相遇時，小明行走 $\dfrac{16}{3} = 5\dfrac{1}{3}$ 單位，到達 $P\left(-1\dfrac{1}{3}, 2\right)$

$\Rightarrow$ 第 2 次相遇時，小明再行走 $5\dfrac{1}{3}$ 單位，到達 $Q\left(-1\dfrac{1}{3}, -2\right)$

$\Rightarrow$ 第 3 次相遇時，小明再行走 $5\dfrac{1}{3}$ 單位，到達 $A(2, 0)$

因此類推，開始產生循環。

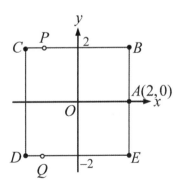

因為 $10 \div 3 = 3 \cdots 1$，所以第 10 次相遇在 $P\left(-1\dfrac{1}{3}, 2\right)$

這個題目中，雖然兩人行走距離比的和無法整除正方形的周長，但其實在作法上並不會因此而有所不同。同學若能確實明白這個題目的解題想法，必然可以對此類相向而行的問題明白的更透徹。

已知 $ab>0$，則下列哪一個選項可能為方程式 $x+ay=b$ 的圖形？

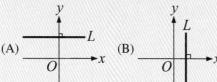
(A)

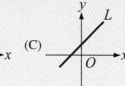
(B)

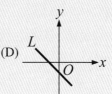
(C)

(D)

【90 年第一次基測】

深化觀念

首先，我們必須先具備下面 2 個「直線」的基本觀念。

【1】鉛直與水平線：

(1)鉛直線：$x=k \Rightarrow$ 交 x 軸於 $(k, 0)$

(2)水平線：$y=h \Rightarrow$ 交 y 軸於 $(0, h)$

【2】直線常見形式：

(1)直線一般式：$ax+by+c=0$ 或 $ax+by=c$

(2)線型函數：$y=ax+b$ 可表示水平線或斜直線

心法解析

要判斷直線方程式 $x+ay=b$ 的圖形，我們可以先求出它與兩軸的交點。

與 x 軸交 $(b, 0)$，與 y 軸交 $\left(0, \dfrac{b}{a}\right)$

因為 $ab>0$，所以 $\dfrac{b}{a}>0 \Rightarrow$ 直線交 y 軸上半。

但與 x 軸交點則無法確定是在右半，還是在左半，因此會有下面兩種可能。

(1)若 $b>0$

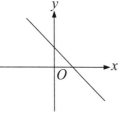

(2)若 $b<0$

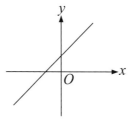

 下面我再給同學一個「直線」觀念的思考題。同學可以立即演練看看，測試自己是否已能完全掌握這個數學觀念。

故本題答案為(C)

試題 028B

如圖，坐標平面上有兩長方形 $ABOC$ 和 $PQOR$，B 點坐標 $(-6, 0)$，C 點坐標 $(0, 10)$，R 點坐標 $(4, 0)$，若直線 $y = ax + 3$ 同時將兩長方形面積平分成二等分，則 P 點坐標為_____。

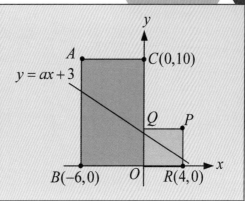

深化觀念

首先，我們必須先具備下面「平行四邊形等分面積」的基本觀念。
若一直線過平行四邊形的中心點，也就是對角線交點，
則可將平行四邊形面積等分。

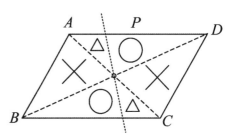

心法解析

我們由題目得知 $y = ax + 3$ 將兩長方形面積平分成二等分，
所以必過兩長方形 $ABOC$ 和 $PQOR$ 的中心點。

先將大長方形 $ABOC$ 的中心點為 $D(-3, 5)$ 代入 $y = ax + 3$

$\Rightarrow 5 = -3a + 3 \Rightarrow a = -\dfrac{2}{3} \Rightarrow$ 直線為 $y = -\dfrac{2}{3}x + 3$

假設小長方形 $ORPQ$ 的中心點為 $E(2, k)$，代入 $y = -\dfrac{2}{3}x + 3$

$\Rightarrow k = -\dfrac{4}{3} + 3 = \dfrac{5}{3}$，

又 P 點的 y 座標為 $2k \Rightarrow P\left(4, \dfrac{10}{3}\right)$

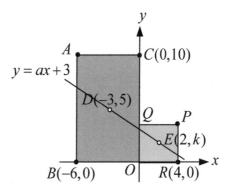

如圖(一)，在同一直線上，甲自 A 點開始追趕等速度前進的乙，且圖(二)表示兩人距離與所經時間的線型關係。若乙的速率為每秒 1.5 公尺，則經過 40 秒，甲自 A 點移動多少公尺？

(A)60　(B)61.8　(C)67.2　(D)69

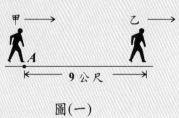

圖(一)

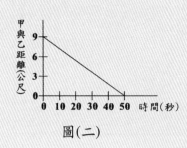

圖(二)

【99 年第一次基測】

深化觀念

首先，我們必須先具備下面 2 個「線型函數」的基本觀念。

【1】函數 $y = f(x)$ 中，x 為自變數，y 為應變數。

【2】$y = f(x) = ax + b$，稱為線型函數，圖形為一直線。

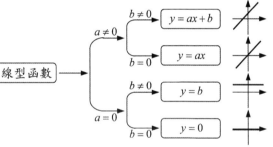

心法解析

若我們想知道經過 40 秒，甲自 A 點移動多少公尺。

除了要先算出 40 秒後乙移動多少外，還要加上 40 秒後甲追上乙多少距離。

40 秒後，乙移動 $1.5 \times 40 = 60$ 公尺

40 秒後，假設甲追上乙 k 公尺 $\Rightarrow \overline{AB} = k$

我們可由相似形知 $\triangle ABC \sim \triangle AOD$

$\Rightarrow \dfrac{k}{9} = \dfrac{40}{50} \Rightarrow k = \dfrac{36}{5} = 7.2$

$\Rightarrow$ 甲移動 $60 + 7.2 = 67.2$ 公尺

故本題答案為(C)

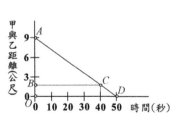

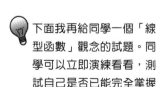

下面我再給同學一個「線型函數」觀念的試題。同學可以立即演練看看，測試自己是否已能完全掌握這個數學觀念。

試題 029B

圖為小美影印資料時剩下張數和時間的關係圖。利用圖中所提供的數據,推估小美在 9:00 時影印的情形是下列哪一種?

(A)來不及印完

(B)剛好印完

(C)提前一分鐘印完

(D)提前半分鐘印完

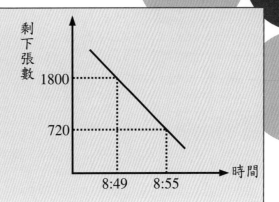

心法解析

這個題目原來是 93 年第一次基測的試題,同學在作答時,也許並不明白作法,但也都會猜(B)剛好印完,隨隨便便的就猜到答案。所以我稍微修改過數據,讓它不是這麼容易就猜的出結果。

首先,我們可以先延長直線,交橫軸於 E 點。

雖然求出直線與時間軸的交點,可以先假設直線方程式 $y=ax+b$ 將點代入求出直線,再求出與時間軸的交點。

但因為數據龐大,這樣的解法並不能輕鬆求出結果。

事實上,我們運用相似形的觀念,能較輕鬆的求出結果。

因為 $\triangle ABC \sim \triangle CDE \Rightarrow \dfrac{\overline{AB}}{\overline{BC}} = \dfrac{\overline{CD}}{\overline{DE}} \Rightarrow \dfrac{1080}{6} = \dfrac{720}{\overline{DE}}$

$\Rightarrow \overline{DE} = 4 \Rightarrow E$ 點為 8:59

因此小美在 9:00 時會提前一分鐘印完。

故本題答案為(C)

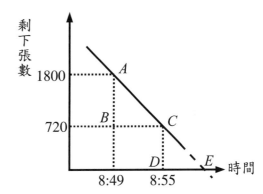

向上發射一枚砲彈，經 x 秒後的高度為 y 公尺，且時間與高度的關係為 $y = ax^2 + bx$。若此砲彈在第 7 秒與第 14 秒時的高度相等，則在下列哪一個時間的高度是最高的？

(A)第 8 秒　(B)第 10 秒　(C)第 12 秒　(D)第 15 秒　　　【98 年第一次基測】

深化觀念

首先，我們必須先具備下面 5 個「二次函數」的基本觀念。

【1】$f(x) = ax^2 + bx + c$（$a \neq 0$）稱二次函數，其圖形為 xy 平面上的拋物線

$$y = f(x) = ax^2 + bx + c = a\left(x + \frac{b}{2a}\right)^2 + \frac{-(b^2 - 4ac)}{4a}$$

【2】頂點：$V\left(-\dfrac{b}{2a}, \dfrac{-D}{4a}\right)$

【3】對稱軸：$x + \dfrac{b}{2a} = 0$

【4】與 y 軸交點：$(0, c)$

【5】與 x 軸交點：$(\alpha, 0) = \left(\dfrac{-b - \sqrt{b^2 - 4ac}}{2a}, 0\right)$，$(\beta, 0) = \left(\dfrac{-b + \sqrt{b^2 - 4ac}}{2a}, 0\right)$

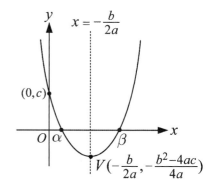

心法解析

我們可以運用二次函數的對稱性得知

因為第 7 秒與第 14 秒時的高度相等

所以對稱軸為過中點的鉛直線 $x = \dfrac{7 + 14}{2} = 10.5$

又因距離對稱軸越近，則高度越高。

故本題答案為(B)

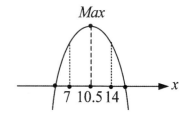

國中數學滿分心法：引爆中學生數學能力的奧義

下面我再給同學一個「二次函數」觀念的試題。同學可以立即演練看看，測試自己是否已能完全掌握這個數學觀念。

試題 030B

設 a 與 b 均為實數，且二次函數 $f(x)=a(x-1)^2+b$ 滿足 $f(4)>0$，$f(5)<0$，試問下列有幾項為真？

(1) $f(0)>0$ 　(2) $f(-1)>0$ 　(3) $f(-2)>0$ 　(4) $f(-3)>0$ 　(5) $f(-4)>0$

(A)2 　(B)3 　(C)4 　(D)5

深化觀念

首先，我們必須先具備下面 3 個「二次函數」的基本觀念。

【1】一般式：已知三點，設一般式 $y=ax^2+bx+c$

【2】配方式：已知頂點座標 (h, k)，設配方式 $y=a(x-h)^2+k$

【3】交點式：已知與 x 軸交點 $(\alpha, 0), (\beta, 0)$，設交點式 $y=a(x-\alpha)(x-\beta)$

心法解析

因為 $f(x)=a(x-1)^2+b$ 且 $f(4)>0$，$f(5)<0$

所以對稱軸為 $x-1=0$，並得圖形如右

$(4, 0)$，$(5, 0)$ 對 $x-1=0$ 的對稱點分別為 $(-2, 0)$，$(-3, 0)$

因此可知 $f(-2)>0$，$f(-3)<0$

且 $f(0)>0$，$f(-1)>0$，$f(-4)<0$

故本題答案為(B)

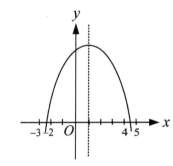

在座標平面上，方程式 $y=2x^2-9$ 的圖形交 x 軸於 A、A' 兩點；方程式 $y=2\left(x-\dfrac{2}{13}\right)^2-8$ 的圖形交 x 軸於 B、B' 兩點；方程式 $y=-2\left(x+\dfrac{3}{17}\right)^2+5$ 的圖形交 x 軸於 C、C' 兩點。比較 $\overline{AA'}$、$\overline{BB'}$、$\overline{CC'}$ 的長度，下列關係何者正確？

(A)$\overline{AA'}=\overline{BB'}=\overline{CC'}$　(B)$\overline{AA'}=\overline{BB'}>\overline{CC'}$　(C)$\overline{AA'}<\overline{BB'}<\overline{CC'}$　(D)$\overline{AA'}>\overline{BB'}>\overline{CC'}$　　【98 年第二次基測】

深化觀念

首先，我們必須先具備下面 3 個「二次函數」的基本觀念。

【1】a：開口

　　$a>0 \Rightarrow$ 開口向上　　$|a|$愈大 $\Rightarrow$ 開口愈小

　　$a<0 \Rightarrow$ 開口向下　　$|a|$愈小 $\Rightarrow$ 開口愈大

【2】b：右異左同 $\Rightarrow$ 頂點在右與 a 異號，頂點在左與 a 同號

【3】c：與 y 軸交點$(0, c)$

　　$c>0 \Rightarrow$ 與 y 軸交點$(0, +)$在 x 軸上方。

　　$c<0 \Rightarrow$ 與 y 軸交點$(0, -)$在 x 軸下方。

　　$c=0 \Rightarrow$ 與 y 軸交點$(0, 0)$在原點。

心法解析

因為三個二次函數，領導係數皆為$|a|=2$，所以開口大小皆相同。

因此頂點距離 x 軸越遠，則被 x 軸所截的線段越長。

$y=2x^2-9 \Rightarrow$ 頂點$(0, -9)$到 x 軸距離為 9

$y=2\left(x-\dfrac{2}{13}\right)^2-8 \Rightarrow$ 頂點$\left(\dfrac{2}{13}, -8\right)$到 x 軸距離為 8

$y=-2\left(x+\dfrac{3}{17}\right)^2+5 \Rightarrow$ 頂點$\left(-\dfrac{3}{17}, 5\right)$到 x 軸距離為 5

$\Rightarrow \overline{AA'}>\overline{BB'}>\overline{CC'}$

故本題答案為(D)

 下面我再給同學一個「二次函數」觀念的思考題。同學可以立即演練看看，測試自己是否已能完全掌握這個數學觀念。

試題 031B

二次函數 $f(x) = ax^2 + bx + c$ 的圖形，下列有幾項敘述正確？

(1)函數圖形 $y = f(x)$ 上恰有 2 個與 y 軸距離 1 單位的點

(2)函數圖形 $y = f(x)$ 上恰有 2 個與 x 軸距離 1 單位的點

(3)將 $y = f(x)$ 的函數圖形右移動 3 單位，再沿著 y 軸向上移動 2 單位，平移後新舊兩圖形的恰交 1 點

(A)0　(B)1　(C)2　(D)3

深化觀念

首先，我們必須先具備底下「二次函數」的基本觀念。

$D = b^2 - 4ac$ 判別拋物線與軸相交狀況。

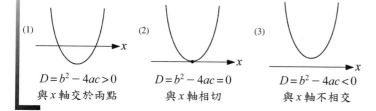

(1) $D = b^2 - 4ac > 0$ 與 x 軸交於兩點

(2) $D = b^2 - 4ac = 0$ 與 x 軸相切

(3) $D = b^2 - 4ac < 0$ 與 x 軸不相交

心法解析

(1)與 y 軸距離 1 單位的圖形為兩鉛直線，而二次函數與兩線恰各交 1 點，

　　⇒ 函數圖形 $y = f(x)$ 上恰有 2 個與 y 軸距離 1 單位的點

(2)與 x 軸距離 1 單位的圖形為兩水平線，而二次函數與兩線交點可能 0～4 個

　　⇒ 函數圖形 $y = f(x)$ 上可能有 0～4 個與 x 軸距離 1 單位的點

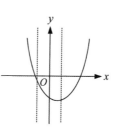

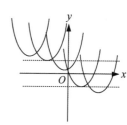

(3)將 $y = f(x)$ 的函數圖形右移 3，上移 2 後

　　⇒ $y = a(x-3)^2 + b(x-3) + c + 2$

新舊兩函數，解聯立求交點 ⇒ $\begin{cases} y = ax^2 + bx + c \\ y = a(x-3)^2 + b(x-3) + c + 2 \end{cases}$

　　⇒ $ax^2 + bx + c = a(x-3)^2 + b(x-3) + c + 2$

　　⇒ 因為 ax^2 會被消去，所以必定只有 1 組解 ⇒ 新舊兩圖形的恰交 1 點

故本題答案為(C)

座標平面上，若移動二次函數 $y = 2(x-175)(x-176)+6$ 的圖形，使其與 x 軸交於兩點，且此兩點的距離為 1 單位，則移動方式可為下列哪一種？

(A)向上移動 3 單位　(B)向下移動 3 單位　(C)向上移動 6 單位　(D)向下移動 6 單位

【99 年第一次基測】

深化觀念

首先，我們必須先具備下面 4 個「二次函數平移」的基本觀念。

【1】平移圖形不改變，因此二次函數開口大小不變，領導係數不變。

【2】平移圖形，每個圖形上的點都移動相同的量。

【3】二次函數平移可先用頂點平移後再還原為拋物線

$y = ax^2$ 平移 $(h, k) \Rightarrow y = a(x-h)^2 + k$

【4】移多少減多少：函數 $y = f(x)$ 平移 $(h, k) \Rightarrow y - k = f(x-h)$

x 方向移動 h：$h > 0$ 表示右移，$h < 0$ 表示左移

y 方向移動 k：$k > 0$ 表示上移，$k < 0$ 表示下移

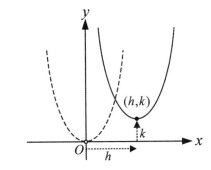

心法解析

本題中的二次函數 $y = 2(x-175)(x-176)+6$

$\Rightarrow y - 6 = 2(x-175)(x-176)$

可看成 $y = 2(x-175)(x-176)$ 上移 6 單位的結果。

而 $y = 2(x-175)(x-176)$

我們令 $y = 0$ 求函數與 x 交點

$\Rightarrow (x-175)(x-176) = 0 \Rightarrow x = 175, 176$

立刻可得知它與 x 交點為 $(175, 0), (176, 0)$ 且兩點的距離為 1 單位

因此，我們將原函數 $y = 2(x-175)(x-176)+6$ 下移 6 單位後即為所求。

故本題答案為(D)

 下面我再給同學一個「二次函數平移」觀念的思考題。同學可以立即演練看看，測試自己是否已能完全掌握這個數學觀念。

在坐標平面上，拋物線 $y = \frac{1}{2}(x-h)^2 + k$ 的圖形與 x 軸交於 A，B 兩點，若將該圖形先向右平移 3 個單位，再向下平移 2 個單位，則與 x 軸恰交於 P，Q 兩點，且 $\overline{PQ} = 8$，則原來 $\overline{AB}$ 長為 _____。

心法解析

事實上，拋物線左右的平移並不會改變與 x 軸相交的截長。所以在思考本題時，我們不妨將它想成拋物線 $y = \frac{1}{2}(x-h)^2 + k$ 下平移 2 單位後與 x 軸截長為 8。

而與 x 軸截長為 8 的二次函數，最簡單的情況當然是交會在 $(0, 0)$, $(8, 0)$

因為平移圖形不改變，因此二次函數開口大小不變，領導係數也不變。

我們不妨就簡單假設平移後的二次函數為 $y = \frac{1}{2}x(x-8)$

將它上移 2 單位後則可以得回原函數 $y - 2 = \frac{1}{2}x(x-8) \Rightarrow y = \frac{1}{2}x(x-8) + 2$

我們再利用它來計算與 x 軸的截長，

令 $y = 0 \Rightarrow \frac{1}{2}x(x-8) + 2 \Rightarrow x^2 - 8x + 4 = 0$

$\Rightarrow x = 4 \pm 2\sqrt{3} \Rightarrow$ 與 x 軸交點為 $(4 + 2\sqrt{3}, 0)$, $(4 - 2\sqrt{3}, 0)$

故原函數與 x 軸的截長 $\overline{AB} = (4 + 2\sqrt{3}) - (4 - 2\sqrt{3}) = 4\sqrt{3}$

這原先是一個較為複雜的問題，但在我們將它簡單化後，就可以輕鬆的破解它了。

有一算式「$(50 - \square) \times (\square + 10)$」，其中兩個□內規定皆填入相同的正整數。例如：當□填入「1」時，「$(50 - 1) \times (1 + 10) = 539$」，即此算式的值為 539。求此算式的最大值為何？

(A)700　(B)800　(C)900　(D)1000。

【93 年第一次基測】

深化觀念

這是一個測驗「二次函數求極值」觀念的試題。

心法解析

當同學第一眼看到這個問題時，常常沒能看出這是二次函數求極值的考題。再加上題目誘導同學，□必須填入正整數，使得許多同學胡亂將一些正整數代入，但卻仍然無法得到此算式的最大值。

若能將未知數□改為 x，再令此算式的值為 y，則可得到 $y = (50 - x)(x + 10)$

相信此刻，所有同學都已看出這是二次函數 $y = f(x) = (50 - x)(x + 10)$ 求極值的問題。

我們也可以了解到一些慣用符號的重要，若沒能改寫符號，就不易明白此題想測驗的觀念。再者就是求極值的方法，大多數的同學看到二次函數求極值，就立刻聯想到配方法，這是非常正確的。我們也可以試著用配方法來解決此題。

$y = (50 - x)(x + 10) = -x^2 + 40x + 500 = -(x^2 - 40x + 20^2) + 500 + 20^2 = -(x - 20)^2 + 900$

因為領導係數為負，所以當 $x = 20$，有最大值為 900

故本題答案為(C)

然而實際上，這個題目有另一種更快速的解法。

$y = (50 - x)(x + 10)$ 可以看出是領導係數為負，開口朝下的拋物線。

因其型態已為因式分解型，所以求此拋物線與 x 軸交點是非常容易快速的。

我們令 $y = 0 \Rightarrow (50 - x)(x + 10) = 0 \Rightarrow x = 50, -10$

表示此拋物線與 x 軸交點座標為 $(50, 0)$，$(-10, 0)$

根據二次函數的對稱性，我們由圖中可看出，

當 x 為 $-10, 50$ 的中點 $\Rightarrow x = \dfrac{-10 + 50}{2} = 20$

有最大值 $y = (50 - 20)(20 + 10) = 900$

若同學能掌握此對稱原理，許多二次函數的問題都能因此快速而輕鬆的解決。

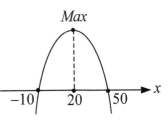

 下面我再給同學一個「二次函數求極值」觀念的試題。同學可以立即演練看看，測試自己是否已能完全掌握這個數學觀念。

某電影院的每張票價 200 元時，觀眾有 600 人，若票價每減少 10 元時，則觀眾就增加 50 人，則每張電影票價訂為＿＿＿＿元時，可使電影院有最多收入＿＿＿＿元。

深化觀念

首先，我們必須先具備底下「二次函數求極值」的基本觀念。

二次函數求極值：將一般式 $y = ax^2 + bx + c$ 配成 $y = a(x-h)^2 + k$

(1)若 $a > 0 \Rightarrow$ 當 $x = h$，最小值 $y = k$　　(2)若 $a < 0 \Rightarrow$ 當 $x = h$，最大值 $y = k$

心法解析

因為票價每減少 10 元，觀眾增加 50 人

按此比例，若票價每減少 $10x$ 元，則觀眾增加 $50x$ 人

此時票價為 $(200 - 10x)$ 元，觀眾為 $(600 + 50x)$ 人

總收入為 $y = (200 - 10x)(600 + 50x)$ 元

當然此題也可以用配方法求之，然而因為數據較為龐大，乘開後再配方必定較為複雜麻煩。因為此題型態已為因式分解型式，所以我們一樣可以使用二次函數的對稱觀念來快速解題。

$y = (200 - 10x)(600 + 50x)$ 可以看出是領導係數為負，開口朝下的拋物線。

我們令 $y = 0 \Rightarrow (200 - 10x)(600 + 50x) = 0 \Rightarrow x = 20, -12$

表示此拋物線與 x 軸交點座標為 $(20, 0)$，$(-12, 0)$

根據二次函數的對稱性，我們由圖中可看出，

當 x 為 $-12, 20$ 的中點 $\Rightarrow x = \dfrac{-12 + 20}{2} = 4$

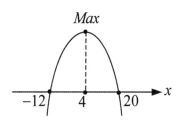

票價為 $(200 - 40) = 160$ 元

有最多收入元 $y = (200 - 40)(600 + 200) = 128000$ 元

如圖，小智丟垃圾的路徑是一個二次函數 $y = -\frac{1}{3}x^2 + 2x + c$ 的圖形。

已知小智是在此二次函數圖形的頂點（即 B 點）將垃圾丟出，且從 $A(0, 1)$ 點進入筒內。若 B 點的坐標為 (a, b)，則 $b = ?$

(A)3

(B)4

(C)5

(D)6。

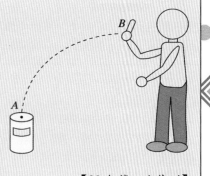

【90 年第二次基測】

深化觀念

這是一個測驗「求二次函數」觀念的試題。

心法解析

因為 $A(0, 1)$ 在二次函數 $y = -\frac{1}{3}x^2 + 2x + c$ 上，所以可以將 A 代入求出 $c = 1$。

若要再求頂點 B，則必須對二次函數配方

$$y = -\frac{1}{3}x^2 + 2x + 1 = -\frac{1}{3}(x^2 - 6x) + 1$$
$$= -\frac{1}{3}(x^2 - 6x + 3^2) + 1 + 3 = -\frac{1}{3}(x - 3)^2 + 4$$

因此頂點為 $B(3, 4)$

故本題答案為(B)

 下面我再給同學一個「求二次函數」觀念的試題。同學可以立即演練看看，測試自己是否已能完全掌握這個數學觀念。

矮仔喬丹轉身投籃命中，其出手點離地面 $\frac{9}{4}$ 公尺（設籃球只受重力影響，無其他外力影響），當籃球與出手點水平相距為 6 公尺，此刻籃球離地面的高度是出手點離地面高度的 2 倍，且恰好是籃球離地面最高的高度。設籃框離地面的高度為 $\frac{7}{2}$ 公尺，若出手點座標為 $(0,0)$，x 為水平座標，y 為垂直座標，則籃球路徑所行成的二次函數為？出手點與籃框的水平距離有多遠？

心法解析

因為出手點離地面 $\frac{9}{4}$ 公尺 $\Rightarrow \overline{OD} = \frac{9}{4}$

$\Rightarrow$ 頂點 $A\left(6, \frac{9}{4}\right)$，假設 $y = a(x-6)^2 + \frac{9}{4}$

出手點 $O(0, 0)$ 代入

$\Rightarrow 36a + \frac{9}{4} = 0 \Rightarrow a = -\frac{1}{16}$

$\Rightarrow y = -\frac{1}{16}(x-6)^2 + \frac{9}{4}$

又籃框離地面的高度為 $\frac{7}{2}$ 公尺 $\Rightarrow \overline{BC} = \frac{7}{2} - \frac{9}{4} = \frac{5}{4}$

設 $B\left(x, \frac{5}{4}\right)$ 代入 $y = -\frac{1}{16}(x-6)^2 + \frac{9}{4}$

$\Rightarrow -\frac{1}{16}(x-6)^2 + \frac{9}{4} = \frac{5}{4} \Rightarrow -\frac{1}{16}(x-6)^2 = -1 \Rightarrow (x-6)^2 = 16$

$\Rightarrow x - 6 = \pm 4 \Rightarrow x = 10$ 或 $2 \Rightarrow$ 取 $B\left(10, \frac{5}{4}\right)$

因此，出手點與籃框的水平距離為 10 公尺

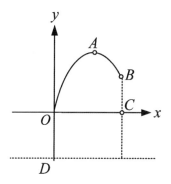

如圖(一)，在長度為 28 的 $\overline{AB}$ 上取一點 P。用 $\overline{AB}$ 圍成一個長方形 $PMNO$，其中 $\overline{PM}=3\overline{PO}$，再用 $\overline{BP}$ 圍成一個正方形 $PVUT$，如圖(二)。已知 $\overline{PO}=t$ 時，長方形與正方形的面積和有最小值 s，則 $s=?$

(A)14　(B)21　(C)28　(D)49

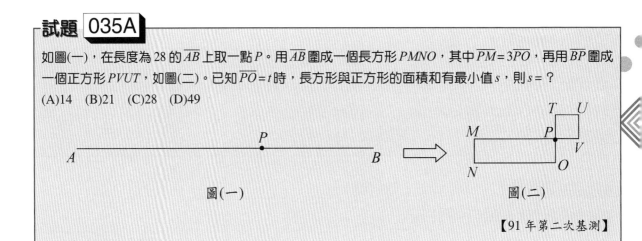

圖(一)　　　　　　　　　圖(二)

【91 年第二次基測】

深化觀念

這是一個測驗「二次函數求極值」觀念的試題。

國中數學滿分心法：引爆中學生數學能力的奧義

心法解析

因為 $\overline{PO}=t \Rightarrow \overline{PM}=3\overline{PO}=3t$

長方形 $PMNO$ 面積 $=\overline{PM}\times\overline{PO}=3t^2$

$\Rightarrow \overline{PB}=28-2\,(t+3t)=28-8t \Rightarrow \overline{PT}=\dfrac{28-8t}{4}=7-2t$

正方形 $PVUT$ 面積 $=\overline{PT}^2=(7-2t)^2$

長方形 $PMNO$ 面積 $+$ 正方形 $PVUT$ 面積

$=3t^2+(7-2t)^2=3t^2+49-28t+4t^2$

$=7t^2-28t+49=7\,(t^2-4t)+49=7\,(t^2-4t+2^2)+49-28$

$=7\,(t-2)^2+21$

因此 $t=2$，有最小值 $s=21$

故本題答案為(B)

下面我再給同學一個「二次函數求極值」觀念的試題。同學可以立即演練看看，測試自己是否已能完全掌握這個數學觀念。

一條鐵絲 $\overline{AB}$ 長 24 公尺，P 是其中的一點，利用 $\overline{AP}$ 圍成一個正方形 $PQRS$，利用 $\overline{BP}$ 圍成一正三角形 PUV，如下圖所示，試求 $\triangle PQU$ 的最大值。

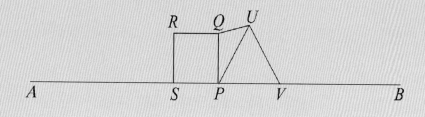

心法解析

如圖 $\overline{AB}=24$，我們不妨假設 $\overline{AP}=x$，則 $\overline{PQ}=\dfrac{x}{4}$，$\overline{PU}=\dfrac{1}{3}(24-x)$

因為 $\angle QPH=30° \Rightarrow \overline{QH}=\dfrac{1}{2}\times\dfrac{x}{4}=\dfrac{x}{8}$

$\triangle PQU=\dfrac{1}{2}\overline{PU}\times\overline{QH}=\dfrac{1}{2}\times\left[\dfrac{1}{3}(24-x)\right]\times\dfrac{x}{8}=\dfrac{-1}{48}(x-12)^2+3$

當 $x=12$ 時，$\triangle PQU$ 有最大面積 3，

故 $\triangle PQU$ 的最大面積為 3 平方公尺

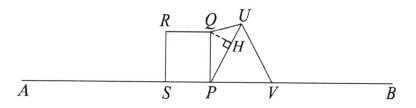

試題 036A

有一長條型鏈子,其外型由邊長為 1 公分的正六邊形排列而成。下圖表示此鏈之任一段花紋,其中每個黑色六邊形與 6 個白色六邊形相鄰。若鏈子上有 35 個黑色六邊形,則此鏈子共有幾個白色六邊形?
(A)140　(B)142　(C)210　(D)212

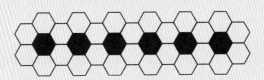

【97 年第一次基測】

國中數學滿分心法：引爆中學生數學能力的奧義

深化觀念

首先,我們必須先具備下面 3 個「等差數列」的基本觀念。

【1】等差數列: $\langle a_n \rangle$: $a_1, a_2, a_3, a_4, \cdots\cdots, a_{n-1}, a_n$ ⇒ 後項－前項＝公差(定值)

　　　a_1 為首項,d 為公差,n 為項數⇒$a_n - a_{n-1} = d$

【2】一般項: $a_n = a_1 + (n-1)d$ (第 n 項)

【3】公差: $d = \dfrac{a_m - a_n}{m - n}$

心法解析

我們不妨先對這個圖形作一點簡化與歸納,來看出他的規律性。

若只有 1 個黑色六邊形 ⇒ 白色六邊形有 6 個 ⇒ $a_1 = 6$

若有 2 個黑色六邊形 ⇒ 白色六邊形有 10 個 ⇒ $a_2 = 10$

若有 3 個黑色六邊形 ⇒ 白色六邊形有 14 個 ⇒ $a_3 = 14$

因此,我們可以看出,它會形成一個公差 $d = 4$ 的等差數列

若有 35 個黑色六邊形 ⇒ $a_{35} = 6 + 34 \times 4 = 142$

此鏈子共有 142 個白色六邊形

故本題答案為(B)

下面我給同學一個「等差數列對稱性」觀念的試題。同學可以立即演練看看,測試自己是否已能完全掌握這個數學觀念。

如圖，將 2、4、6、8、10 五個數字分別填入圖中的五個圓圈中，使得 L_1 上三個數字和 L_2 上三個數字和相等。請問中央的圓圈中不能填入下列哪一個數字？

(A)2　(B)6　(C)8　(D)10

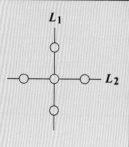

【96 年第二次基測】

深化觀念

首先，我們必須先具備下面 2 個「等差數列對稱性」的基本觀念。

【1】等差中項：若 a, b, c 三數成等差，則 $b = \dfrac{a+c}{2}$ 為 a, c 的等差中項（算數平均）。

【2】對稱性：

(1)a_1, a_2, a_3, a_4, a_5 成等差，則 $a_1 + a_5 = a_2 + a_4 = 2a_3$（奇數項）

(2)a_1, a_2, a_3, a_4 成等差，則 $a_1 + a_4 = a_2 + a_3$（偶數項）

心法解析

因為 L_1 上三個數字和 L_2 上三個數字和相等 ⇒ 上＋下＝左＋右

所以當我們填入中央的數字後，剩下的 4 個數必須具有對稱性。

若中央填 2 ⇒ 剩下數字 4、6、8、10 成等差 ⇒ $4 + 10 = 6 + 8$

若中央填 4 ⇒ 剩下數字 2、6、8、10 沒有對稱性

若中央填 6 ⇒ 剩下數字 2、4、8、10 有對稱性 ⇒ $2 + 10 = 4 + 8 = 2 \times 6$

若中央填 8 ⇒ 剩下數字 2、4、6、10 沒有對稱性

若中央填 10 ⇒ 剩下數字 2、4、6、8 成等差 ⇒ $2 + 8 = 4 + 6$

故本題答案為(C)

試題 037A

右圖的座標平面上有一正五邊形 $ABCDE$，其中 C、D 兩點座標分別為 $(1,0)$、$(2,0)$。若在沒有滑動的情況下，將此正五邊形沿著 x 軸向右滾動，則滾動過程中，下列何者會經過點 $(75,0)$？
(A)A (B)B (C)C (D)D

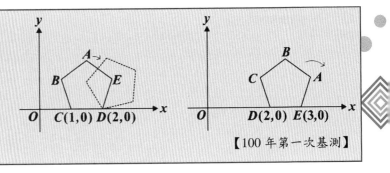

【100 年第一次基測】

深化觀念

這是一個測驗「等差數列與循環」觀念的試題。

心法解析

我們由 $C(1,0)$ 開始，逐一寫下滾動後各點的坐標，因為是正五邊形的滾動，所以每 5 次為一個循環。
因此 A、B、C、D、E 各頂點的 x 座標會形成公差為 5 的等差數列。
⇒ 各頂點所形成的數列除以 5，餘數皆相同
C：$(1,0)$、$(6,0)$、…… ⇒ 除以 5 餘 1
D：$(2,0)$、$(7,0)$、…… ⇒ 除以 5 餘 2
E：$(3,0)$、$(8,0)$、…… ⇒ 除以 5 餘 3
A：$(4,0)$、$(9,0)$、…… ⇒ 除以 5 餘 4
B：$(5,0)$、$(10,0)$、…… ⇒ 除以 5 餘 0
因為 $75 \div 5 = 15 \cdots 0$
故本題答案為(B)

下面我給同學一個「等差數列與循環」觀念的思考題。同學可以立即演練看看，測試自己是否已能完全掌握這個數學觀念。

阿群用手數自然數，大姆指 1，食指 2，中指 3，無名指 4，小指 5，再無名指 6，中指 7，依據此規則，數到 999 時應該是哪一隻手指？

(A)大姆指　(B)食指　(C)中指　(D)無名指

心法解析

我們先對這個問題作一點簡化與歸納，來看出他的規律性。

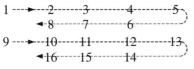

大姆指，食指，中指，無名指，小指，

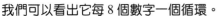

我們可以看出它每 8 個數字一個循環。

若我們想求數到 999 是哪一隻手指，我們可以將 $999 \div 8 = 124 \cdots 7$

$\Rightarrow$ 因為 $n \div 8 = \cdots 3$ 或 $n \div 8 = \cdots 7$ 都代表中指，所以數到 999 是中指

故本題答案為(C)

某公司每天晚上必須派保全人員留守，下表是甲、乙、丙、丁、戊五位保全人員的留守值班表。該公司排班規則如下：

(1)按甲、乙、丙、丁、戊的順序，各排一天班。

(2)五人排完之後再以原順序排班。

請問「丙」先生在下列週次中哪一週必須留守兩次？

(A)第 38 週　(B)第 39 週　(C)第 40 週　(D)第 41 週

【91 年第一次基測】

週次＼星期	一	二	三	四	五	六	日
第 1 週	甲	乙	丙	丁	戊	甲	乙
第 2 週	丙	丁	戊	甲	乙	丙	丁
…	…	…	…	…	…	…	…

深化觀念

這是一個測驗「等差數列與循環」觀念的試題。

心法解析

這是 91 年第一次基測中的經典考題，很多同學在找不到規律的情況下，就不斷的列出排班表，直到找出答案為止。這當然也是一個方法，但若數據更龐大就無法解決了。

因為每星期有 7 天，輪值人員有 5 人。

第 1 週甲在星期一留守，下次甲在星期一留守是[7, 5] = 35 天後，也就是 5 週後。

因此，若週數除以 5 餘數相同 ⇒ 排班情況相同

⇒ 第 1 週、第 6 週、第 11 週……除以 5 餘 1

⇒ 第 2 週、第 7 週、第 12 週……除以 5 餘 2

⇒ 第 3 週、第 8 週、第 13 週……除以 5 餘 3

⇒ 第 4 週、第 9 週、第 14 週……除以 5 餘 4

⇒ 第 5 週、第 10 週、第 15 週……除以 5 餘 0

「丙」留守兩次的週數除以 5 餘 2 或 4

因為 39 ÷ 5…4

故本題答案為(B)

週次＼星期	一	二	三	四	五	六	日
第 1 週	甲	乙	丙	丁	戊	甲	乙
第 2 週	丙	丁	戊	甲	乙	丙	丁
第 3 週	戊	甲	乙	丙	丁	戊	甲
第 4 週	乙	丙	丁	戊	甲	乙	丙
第 5 週	丁	戊	甲	乙	丙	丁	戊

下面我給同學一個「等差數列與循環」觀念的思考題。同學可以立即演練看看，測試自己是否已能完全掌握這個數學觀念。

若公元 2000 年是閏年且 1 月 1 日是星期六。試問下一個 1 月 1 日也是星期六，發生在公元哪一年？

心法解析

因為一星期有 7 天，因此在公元 2000 年中

1 月 1 日、1 月 8 日、1 月 15 日……都是星期六

與 1 月 1 日相差天數 ÷ 7…0 就是星期六

與 1 月 1 日相差天數 ÷ 7…1 就是星期日

與 1 月 1 日相差天數 ÷ 7…2 就是星期一

依此類推

因為 365 ÷ 7…1；366 ÷ 7…2

2000 年有 366 天 ⇒ 2001 年 1 月 1 日與 2000 年 1 月 1 日相差 366 天

所以 2001 年 1 月 1 日為星期一

2001 年有 365 天 ⇒ 2002 年 1 月 1 日與 2001 年 1 月 1 日相差 365 天

所以 2002 年 1 月 1 日為星期二

2002 年有 365 天 ⇒ 2003 年 1 月 1 日與 2002 年 1 月 1 日相差 365 天

所以 2003 年 1 月 1 日為星期三

2003 年有 365 天 ⇒ 2004 年 1 月 1 日與 2003 年 1 月 1 日相差 365 天

所以 2004 年 1 月 1 日為星期四

2004 年有 366 天 ⇒ 2005 年 1 月 1 日與 2004 年 1 月 1 日相差 366 天

所以 2005 年 1 月 1 日為星期六

故本題答案為 2005 年

試題 039A

如圖，表演台前共有 15 排座位，其中第一排有 30 個，且每一排均比前一排多 2 個座位。若某校有 1～25 班，每班 20 人，並依下列方式安排學生入座：

1. 依班級順序先排第一班，安排完後再排下一班。
2. 前排的座位排滿後，才排下一排座位。

請問哪一班的學生全部都坐在第 8 排？

(A)第 12 班　(B)第 13 班　(C)第 14 班　(D)第 15 班

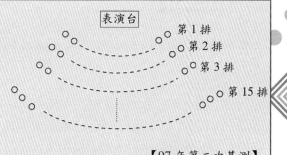

【97 年第二次基測】

深化觀念

首先，我們必須先具備下面「等差級數」的基本觀念。

等差級數前 n 項總和 $S_n = a_1 + \cdots + a_n = \dfrac{(a_1 + a_n)n}{2} = $ 中間項 $\times n = \dfrac{[2a_1 + (n-1)d]n}{2}$

心法解析

因為第一排有 30 個，每一排均比前一排多 2 個座位。

我們可以看出，它是一個 $a_1 = 30$，公差 $d = 2$ 的等差數列

第 8 排 $\Rightarrow a_8 = 30 + 7 \times 2 = 44$ 座位

前 8 排共 $\dfrac{(30 + 44) \times 8}{2} = 296$ 座位

又每班 20 人 $\Rightarrow 296 \div 20 = 14 \cdots 16$

因此第 14 班的學生全部都坐在第 8 排，還剩下 16 座位。

故本題答案為(C)

國中數學滿分心法：引爆中學生數學能力的奧義

下面我給同學一個「等差級數」觀念的思考題。同學可以立即演練看看，測試自己是否已能完全掌握這個數學觀念。

如圖，數個環套成一串，掛在一個釘子上，每個環的厚度為 1 公分。最上面那個環外圈的直徑為 20 公分。每個環外圈的直徑比它上面那個環外圈的直徑小 1 公分。若最下面那個環外圈的直徑為 3 公分，則從最上面那個環的頂端到最下面那個環的底端之距離是多少公分？

(A)171　(B)173　(C)182　(D)188

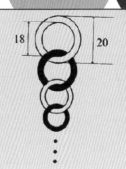

心法解析

我們若想計算最上面那個環的頂端到最下面那個環的底端的距離，可以先求中間內環的總距離，再加上最上面環的厚度 1 公分與最下面環的厚度 1 公分。

因為每個環外圈的直徑比它上面那個環外圈的直徑小 1 公分。

因為外環直徑為 20，19，18，…，3。且環的厚度為 1 公分。

所以內環直徑為 18，17，16，…，1

頂端到底端之距離為 $\dfrac{(18+1) \times 18}{2} + 1 + 1 = 173$

故本題答案為(B)

如圖，有若干位學生排出正五邊形的隊形，由內而外共排了 6 圈，且學生人數剛好排完。已知最內圈每邊 3 人，往外每圈每邊增加 2 人。（即由內而外算起第 2 圈每邊 5 人，第 3 圈每邊 7 人，…）。請問此隊形的學生共有多少人？

(A)210　(B)240　(C)285　(D)630

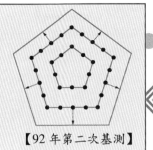

【92 年第二次基測】

深化觀念

這是一個測驗「等差級數」觀念的試題。

心法解析

因為正五邊形隊形，每圈總人數可由每邊人數乘 5，再減去重覆計算的 5 個頂點。

第 1 圈每邊 3 人 ⇒ 總人數 $3 \times 5 - 5 = 10$ 人

第 2 圈每邊 5 人 ⇒ 總人數 $5 \times 5 - 5 = 20$ 人

第 3 圈每邊 7 人 ⇒ 總人數 $7 \times 5 - 5 = 30$ 人

依此類推，這個隊形會成為一個公差為 10 的等差數列。

全部總人數 $= 10 + 20 + 30 + 40 + 50 + 60 = \dfrac{(10+60) \times 6}{2} = 210$ 人

故本題答案為(A)

這個題目因為項數只有 6 項，就算同學不代公式逐項相加也可以很快的算出答案。

下面我給同學一個「等差級數」觀念的試題。同學可以立即演練看看，測試自己是否已能完全掌握這個數學觀念。

試題 040B

下圖為六邊形數，求出圖(十)的六邊形數中，共有_____個點。

(A)180　　(B)190　　(C)200　　(D)210

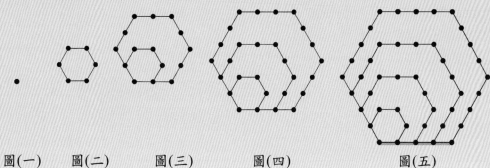

圖(一)　　　圖(二)　　　圖(三)　　　圖(四)　　　　圖(五)

心法解析

因為正六邊形數，每圈增加點數可由每邊點數乘 4，再減去重複計算的 3 個頂點。

圖(一)有 1 點

圖(二)有 1＋5 點，比上一個圖增加 $2 \times 4 - 3 = 5$ 點

圖(三)有 1＋5＋9 點，比上一個圖增加 $3 \times 4 - 3 = 9$ 點

依此類推，這個圖形會成為一個公差為 4 的等差級數。

圖(十)比上一個圖增加 $10 \times 4 - 3 = 37$ 點

共有 $1 + 5 + 9 + \cdots + 37 = \dfrac{(1 + 37) \times 10}{2} = 190$ 個點

故本題答案為(B)

如圖，有一樓梯，每一階的長度、寬度與增加的高度都相等。有一工人在此樓梯的一側貼上大小相同的正方形磁磚，第一階貼了 4 塊磁磚，第二階貼了 8 塊磁磚，…，依此規則貼了 112 塊磁磚後，剛好貼完此樓梯的一側。則此樓梯總共有多少階？

(A)5

(B)6

(C)7

(D)8

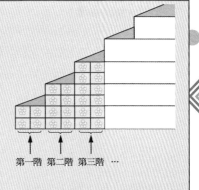

第一階 第二階 第三階 …

【91 年第一次基測】

深化觀念

這是一個測驗「等差級數」觀念的試題。

心法解析

磁磚總數量 $4+8+12+\cdots=112$ 為等差級數，公差為 4

我們可以先假設有 n 階樓梯，第 n 階樓梯有 $4+(n-1)\times 4=4n$ 塊磁磚

磁磚總數量 $=\dfrac{(4+4n)\times n}{2}=112$

$\Rightarrow n^2+n-56=0 \Rightarrow (n-7)(n+8)=0 \Rightarrow n=7$ 或 -8（不合）

因此樓梯總共有 7 階

故本題答案為(C)

事實上，因為這個問題中的等差級數項數不多，就算同學不代公式，

我們逐項相加 $4+8+12+16+20+24+28=112$，也可以很快的推出共有 7 階。

 下面我給同學一個「等差級數」觀念的試題。同學可以立即演練看看，測試自己是否已能完全掌握這個數學觀念。

國中數學滿分心法：引爆中學生數學能力的奧義

每三根牙籤可以圍成一小正三角形，如圖表示由三層小正三角形形成的大正三角形，其中最底層共有五個小正三角形。若想堆成底層為 99 個小正三角形的大正三角形，共需幾根牙籤？

(A)3000　(B)3825　(C)5000　(D)9900

心法解析

我們先觀察每層三角形的數量，設法找出它的規律性。

第一層 1 個，第二層 3 個，第三層 5 個，…依此類推，行成連續的奇數。

因此第 n 層有 $2n-1$ 個三角形

當 $2n-1=99 \Rightarrow n=50 \Rightarrow$ 共有 50 層。

我們可以算出 形式的三角形共有 $1+2+3+\cdots+50=\dfrac{(1+50)\times 50}{2}=1275$ 個

而每個 需 3 根牙籤，因此共需 $1275 \times 3 = 3825$ 根牙籤

故本題答案為(B)

1-4 三角形與多邊形

【93 年第二次基測】

試題 042A

如圖,四邊形 $ABCD$ 為一正方形,E、F、G、H 為四邊中點。若 M 為 $\overline{EH}$ 中點,$\overline{MF}=4$,則 $\triangle MFG$ 面積為何?

(A)$2\sqrt{3}$　(B)$4\sqrt{3}$　(C)$\dfrac{32}{5}$　(D)$\dfrac{32}{9}$

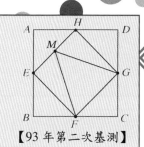

深化觀念

首先,我們必須先具備下面 4 個「畢氏定理」的基本觀念。

【1】畢氏定理:直角三角形中,兩股平方和 = 斜邊平方 $\Rightarrow a^2+b^2=c^2$

【2】畢氏數:$(3, 4, 5)$,$(5, 12, 13)$,$(7, 24, 25)$,$\cdots$,$(m^2-n^2, 2mn, m^2+n^2)$

【3】斜邊上的高 $=\dfrac{\text{兩股相乘}}{\text{斜邊}}$

【4】常用特殊三角形

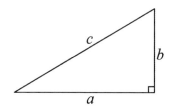

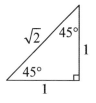

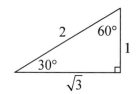

心法解析

因為 E、F、G、H 為正方形 $ABCD$ 四邊中點,所以 $EFGH$ 也為正方形

若 M 為 $\overline{EH}$ 中點,則 $\triangle MFG$ 為等腰三角形。

因為要求 $\triangle MFG$ 面積,所以我們作 $\overline{FG}$ 邊上的高 $\overline{MN}$,

我們不妨假設 $\overline{FN}=\overline{NG}=x \Rightarrow \overline{MN}=\overline{EF}=\overline{FG}=2x$

在 $\triangle MNF$ 中,根據畢氏定理 $\overline{FN}^2+\overline{MN}^2=\overline{MF}^2$

$\Rightarrow x^2+(2x)^2=4^2 \Rightarrow x^2=\dfrac{16}{5}$

因此 $\triangle MFG$ 面積 $=\dfrac{1}{2}\overline{FG}\times\overline{MN}=\dfrac{1}{2}\times 2x\times 2x=2x^2=\dfrac{32}{5}$

故本題答案為(C)

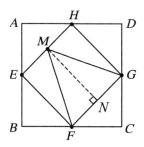

 下面我給同學一個「畢氏定理」觀念的試題。同學可以立即演練看看,測試自己是否已能完全掌握這個數學觀念。

試題 042B

如圖，所有的四邊形都是正方形，所有的三角形都是直角三角形，其中最大的正方形的面積是 11，則圖中七個正方形的面積和為？

(A)22　(B)33　(C)25　(D)36

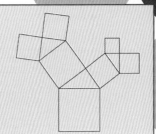

深化觀念

首先，我們必須先具備下面「畢氏定理」的基本觀念。

【1】畢氏定理幾何意義：斜邊正方形面積＝兩股正方形面積和

【2】畢氏定理幾何推廣：斜邊相似圖形面積＝兩股相似圖形面積和

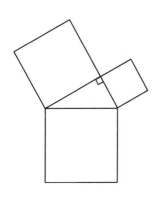 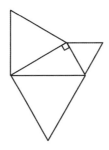 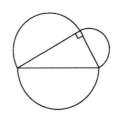

心法解析

我們可以根據畢氏定理幾何意義

$\Rightarrow A_1 = A_2 + A_3 = 11$

$\Rightarrow A_2 = A_4 + A_5$，$A_3 = A_6 + A_7$

$\Rightarrow A_4 + A_5 + A_6 + A_7 = 11$

$\Rightarrow A_1 + (A_2 + A_3) + (A_4 + A_5 + A_6 + A_7) = 3 \times 11 = 33$

故本題答案為(B)

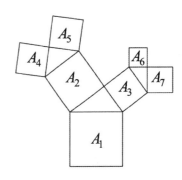

如圖，在△ABC中，$\overline{AB}=\overline{BC}$、∠B=55°。若有一點P在$\overline{AB}$上移動，則∠BPC可能是下列哪一個角度？

(A)55°

(B)60°

(C)80°

(D)130°

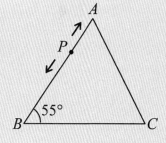

【96年第二次基測】

深化觀念

首先，我們必須先具備下面2個「三角形」的基本觀念。

【1】三角形內角與外角：

(1)△ABC 內角：∠A、∠B、∠C

(2)△ABC 外角：一組為∠1、∠2、∠3，一組為∠4、∠5、∠6

【2】三角形內、外角和：

(1)三角形內角和 = 180° ⇒ ∠A + ∠B + ∠C = 180°

(2)三角形外角和 = 360° ⇒ ∠1 + ∠2 + ∠3 = 360°

(3)三角形外角定理：外角 = 兩內對角和 ⇒ ∠1 = ∠B + ∠C

心法解析

這個題目同學很容易在看了選項後就能猜出答案出是 80°。

事實上，∠BPC 會是一個範圍。我們試著求出題目真正想要我們理解的觀念。

先連接$\overline{PC}$，由外角定理可知∠BPC = ∠A + ∠1

又$\overline{AB}=\overline{BC}$，△ABC 為等腰三角形，頂角∠B = 55°

⇒ 底角∠A = ∠C = $\dfrac{180° - 55°}{2}$ = 62.5°

因為 P 在$\overline{AB}$上移動 ⇒ 0° < ∠1 < 62.5°

所以 62.5° < 62.5° + ∠1 < 125° ⇒ 62.5° < ∠BPC < 125°

故本題答案為(C)

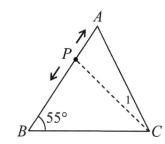

 下面我給同學一個「三角形」觀念的試題。同學可以立即演練看看，測試自己是否已能完全掌握這個數學觀念。

如圖，$\angle ABC = 125°$，$\angle CDE = 145°$，$\angle AFE = 160°$，
求 $\angle 1 + \angle 2 + \angle 3 = ?$
(A)60°　(B)70°　(C)80°　(D)90°

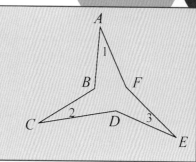

心法解析

這個三角星星是一個有缺陷的圖形，

因此，我們可以連接各尖點讓它形成一個完整的三角形。

此時可以看出 $\angle 1 + \angle 2 + \angle 3 =$ 三角形內角和 180° 扣掉 $\angle 4 \sim \angle 9$

又 $\angle 4 + \angle 5 = 180° - 145° = 35°$

$\angle 6 + \angle 7 = 180° - 160° = 20°$

$\angle 8 + \angle 9 = 180° - 125° = 55°$

所以 $\angle 1 + \angle 2 + \angle 3 = 180° - 35° - 20° - 55° = 70°$

故本題答案為(B)

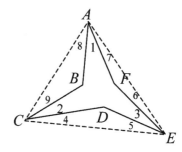

如圖△ABC中，以B為圓心，$\overline{BC}$長為半徑畫弧，分別交$\overline{AC}$、$\overline{AB}$於D、E兩點，
並連接$\overline{BD}$、$\overline{DE}$。若∠A = 30°，$\overline{AB} = \overline{AC}$，則∠BDE的度數為何？

(A)45

(B)52.5

(C)67.5

(D)75

【100 年第一次基測】

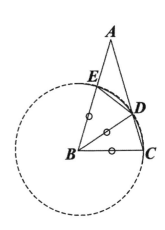

深化觀念

這是一個測驗「三角形」觀念的試題。

心法解析

因為$\overline{AB} = \overline{AC}$，△ABC為等腰三角形，所以∠ABC = ∠C = $\dfrac{180° - 30°}{2} = 75°$

我們由B為圓心，$\overline{BC}$為半徑的圓可知$\overline{BC} = \overline{BD} = \overline{BE}$

因為$\overline{BC} = \overline{BD}$，△BCD為等腰三角形，所以∠BDC = ∠C = 75°

⇒ ∠DBC = 180° − 75° × 2 = 30°

⇒ ∠EBD = 75° − 30° = 45°

因為$\overline{BD} = \overline{BE}$，所以∠BDE = ∠BED = $\dfrac{180° - 45°}{2} = 67.5°$

故本題答案為(C)

 下面我給同學一個「三角形」觀念的試題。同學可以立即演練看看，測試自己是否已能完全掌握這個數學觀念。

試題 044B

如圖，△PQR 為正三角形，點 A，B，D 分別在 $\overline{PQ}$，$\overline{QR}$，$\overline{RP}$，
若五邊形 ABCDE 為正五邊形，且 $\angle EDP = 40°$，則 $\angle CBR = ?$

(A)16°

(B)17°

(C)18°

(D)19°

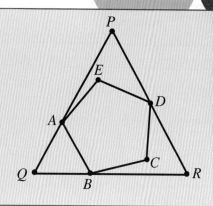

深化觀念

首先，我們必須先具備下面 2 個「多邊形」的基本觀念。

【1】鏢形 ABDC 中，因為 $\angle 1 + \angle B = \angle 3$，$\angle 2 + \angle C = \angle 4$

所以 $\angle A + \angle B + \angle C = \angle D$

【2】正五邊形：(1)一個外角為 $\dfrac{360°}{5} = 72°$　(2)一個內角為 $180° - 72° = 108°$

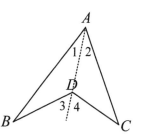

心法解析

因為△PQR 為正三角形，所以 $\angle R = 60°$

又 $\angle CDR = 180° - 108 - \angle EDP = 180° - 108° - 40° = 32°$

在鏢形 RDCB 中，$\angle R + \angle RDC + \angle CBR = \angle C$

$\Rightarrow 60° + 32° + \angle CBR = 108°$

$\Rightarrow \angle CBR = 16°$

故本題答案為(A)

右圖為一張方格紙，紙上有一灰色三角形，其頂點均位於某兩格線的交點上，若灰色三角形面積為 $\frac{21}{4}$ 平方公分，則此方格紙的面積為多少平方公分？

(A)11　(B)12　(C)13　(D)14

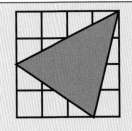

【100 年第一次基測】

深化觀念

這是一個測驗「三角形與比例」觀念的試題。

心法解析

我們不妨先假設每一小正方格邊長為 a

$\triangle DEF = $ 正方形 $ABCD - \triangle ADE - \triangle EBF - \triangle DCF$

灰色三角形面積 $= (4a)^2 - \dfrac{1}{2} \times 4a \times 2a - \dfrac{1}{2} \times 2a \times 3a - \dfrac{1}{2} \times a \times 4a = \dfrac{21}{4} \Rightarrow a^2 = \dfrac{3}{4}$

方格紙面積 $= 16a^2 = 16 \times \dfrac{3}{4} = 12$ 平方公分

故本題答案為(B)

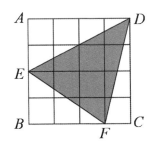

 下面我給同學一個「三角形與比例」觀念的試題。同學可以立即演練看看，測試自己是否已能完全掌握這個數學觀念。

如圖，長方形 $ABCD$ 的面積是 72。由點 A 和 $\overline{BC}$ 及 $\overline{CD}$ 的中點連接成一個三角形，則此三角形的面積是多少？

(A)21　(B)27　(C)30　(D)36

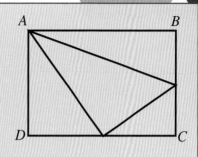

深化觀念

首先，我們必須先具備下面 3 個「三角形兩邊中點連線」的基本觀念。

若 D、E 分別為 $\overline{AB}$、$\overline{AC}$ 中點，則：

【1】$\overline{DE} /\!/ \overline{BC}$　【2】$\overline{DE} = \dfrac{1}{2}\overline{BC}$　【3】$\triangle ADE = \dfrac{1}{4}\triangle ABC$

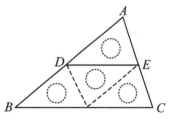

心法解析

我們連接對角線 $\overline{AC}$ 可以看出，$\triangle ADC = \triangle CBA = \dfrac{1}{2} \times 72 = 36$

因為 E 為 $\overline{CD}$ 中點，所以 $\triangle ADE = \triangle AEC = \dfrac{1}{2} \times 36 = 18$

同理，$\triangle ABF = \triangle AFC = \dfrac{1}{2} \times 36 = 18$

若連接對角線 $\overline{BD}$ 則可以看出，$\triangle ABD = \triangle CDB = \dfrac{1}{2} \times 72 = 36$

因為 E、F 分別為 $\overline{CD}$、$\overline{BC}$ 中點，

所以 $\triangle CEF = \dfrac{1}{4}\triangle BCD = \dfrac{1}{4} \times 36 = 9$

因此 $\triangle AEF = 72 - 18 - 18 - 9 = 27$

故本題答案為(B)

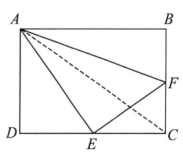

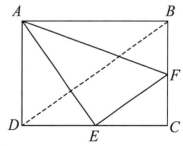

如圖，△ABC 中，∠ACB = 102°，$\overline{AF}=\overline{AC}$、$\overline{BE}=\overline{BC}$，求∠ECF = ?

(A)34°

(B)39°

(C)45°

(D)56°

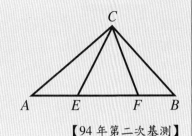

【94 年第二次基測】

深化觀念

這是一個測驗「等腰三角形」觀念的試題。

心法解析

要解破這個問題，除了要具備三角形的內角和為 180° 的基本觀念外，更重要的是等腰三角形的基本觀念，等腰三角形是兩腰等長的三角形，也因此兩底角一樣大。在本題中，我們僅知道∠ACB = 102° 這個資訊，因此必須要作一些代數假設方便我們解題。

在等腰△ACF 與△BCE 中，我們可以設底角∠AFC = x°，∠BEC = y°，這樣的假設方式，在等一下的計算過程中，我們會發現要比假設頂角來的簡單。

而頂角∠FAC = 180° − 2x°，∠EBC = 180° − 2y°

因為△ABC 內角和為 180°

⇒ ∠ACB + ∠FAC + ∠EBC = 180°

⇒ 102° + (180° − 2x°) + (180° − 2y°) = 180° ⇒ x° + y° = 141°

又△CEF 內角和為 180°

⇒ ∠ECF + ∠AFC + ∠BEC = 180° ⇒ ∠ECF + x° + y° = 180°

⇒ ∠ECF + 141° = 180°，因此∠ECF = 39°

我們可以由上面的推演過程得知，一些簡單的代數假設，將可幫助我們將這個幾何問題輕鬆求出，這是在求這類型問題時的重要解題方法。

故本題答案為(B)

下面我給同學一個「等腰三角形」觀念的試題。同學可以立即演練看看，測試自己是否已能完全掌握這個數學觀念。

試題 046B

如圖，$\overline{AB}=\overline{AC}$，$\overline{AD}=\overline{AE}$。已知$\angle BAD=40°$，試求$\angle CDE=$？

(A)20°

(B)30°

(C)40°

(D)45°

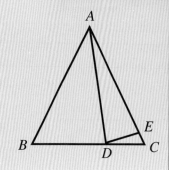

心法解析

在等腰$\triangle ABC$與$\triangle ADE$中，我們可以設底角$\angle ACB=x°$，$\angle AED=y°$，

這樣的假設方法，在等一下的計算過程中，我們會發現要比假設頂角來的簡單。

因此推得頂角$\angle BAC=180-2x°$，$\angle DAE=180-2y°$

因為$\angle BAD=40°$

$\Rightarrow \angle BAC-\angle DAE=\angle BAD \Rightarrow (180-2x°)-(180-2y°)=40° \Rightarrow y°-x°=20°$

又$\triangle CDE$中，根據三角形外角定理：外角＝兩內對角和

所以$\angle AED=\angle CDE+\angle DCE \Rightarrow y°=\angle CDE+x°$，因此$\angle CDE=y°-x°=20°$

故本題答案為(A)

與上一題類似，我們以一些簡單的代數假設，就能將這個看似複雜的幾何問題，輕鬆的求出答案。

如圖，在斜角錐 $OABC$ 中，$\angle OAB = 70°$、$\angle AOB = 60°$、$\angle BOC = 60°$、$\angle CBO = 65°$。請問在 $\overline{OA}$、$\overline{AB}$、$\overline{BC}$、$\overline{OC}$ 四個邊中那一個最長？

(A)$\overline{OA}$　(B)$\overline{AB}$　(C)$\overline{BC}$　(D)$\overline{OC}$

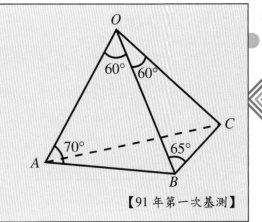

【91 年第一次基測】

深化觀念

首先，我們必須先具備下面 2 個「三角形邊角關係」的基本觀念。

【1】大邊對大角　【2】大角對大邊

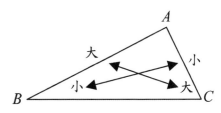

心法解析

因為這個題目為一立體的斜角錐，投影繪製在平面上，所以切莫以平面上線段的長短直接判斷大小。正確運用三角形的邊角關係，搭配不等式的遞移律即可輕鬆解題。

在 $\triangle OAB$ 中，$\angle OAB = 70°$，$\angle AOB = 60°$

$\Rightarrow \angle OBA = 180° - 70° - 60° = 50°$

$\Rightarrow \angle OAB > \angle AOB > \angle OBA$

因為三角形中大角對大邊，所以 $\overline{OB} > \overline{AB} > \overline{OA}$

同理在 $\triangle OBC$ 中，$\angle OBC = 65°$，$\angle BOC = 60°$

$\Rightarrow \angle OCB = 180° - 65° - 60° = 55°$

$\Rightarrow \angle OBC > \angle BOC > \angle OCB$

因為三角形中大角對大邊，所以 $\overline{OC} > \overline{BC} > \overline{OB}$

因此 $\overline{OC} > \overline{BC} > \overline{OB} > \overline{AB} > \overline{OA}$ $\Rightarrow$ 其中 $\overline{OC}$ 最長。

故本題答案為(D)

下面我給同學一個「三角形邊角關係」觀念的逆向思考題。同學可以立即演練看看，測試自己是否已能完全掌握這個數學觀念。

如圖斜角錐 $OABC$ 中，在△OAB中，$\overline{OA}>\overline{OB}>\overline{AB}$；在
△ABC中，$\overline{AB}>\overline{AC}>\overline{BC}$；在三角形△$OBC$中，
$\overline{OB}>\overline{BC}>\overline{OC}$，則在△$OAC$中，三內角的大小為何？

(A)$\angle C>\angle O>\angle A$

(B)$\angle A>\angle O>\angle C$

(C)$\angle O>\angle C>\angle A$

(D)$\angle C>\angle A>\angle O$

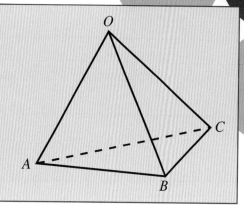

心法解析

要判斷△OAC中，三內角的大小，

我們必先判斷△OAC中三邊 $\overline{OA}$，$\overline{AC}$，$\overline{OC}$ 的大小。

由於 $\begin{cases} \overline{OA}>\overline{OB}>\overline{AB} \\ \overline{AB}>\overline{AC}>\overline{BC} \\ \overline{OB}>\overline{BC}>\overline{OC} \end{cases}$，根據不等式的遞移律

$\Rightarrow \overline{OA}>\overline{AB}>\overline{AC}>\overline{BC}>\overline{OC} \Rightarrow \overline{OA}>\overline{AC}>\overline{OC}$

因為三角形中大邊對大角

所以△OAC中$\angle C>\angle O>\angle A$

故本題答案為(A)

如圖，用四個螺絲將四條不可彎曲的木條圍成一個木框，不計螺絲大小，其中相鄰兩螺絲的距離依序為 2、3、4、6，且相鄰兩木條的夾角均可調整。若調整木條的夾角時不破壞此木框，則任兩螺絲的距離之最大值為何？

(A)5　(B)6　(C)7　(D)10

【99 年第一次基測】

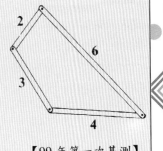

深化觀念

首先，我們必須先具備下面 2 個「三角形邊角關係」的基本觀念。

【1】三角形兩邊之和大於第三邊，兩邊之差小於第三邊。

【2】若三角形三邊為 a, b, x，則 $|a-b| < x < a+b$

心法解析

我們若先考慮四邊形邊上兩螺絲的距離，可為 3，4，6，2。

再判斷對角線 $\overline{AC}$ 的最大距離，

$\Rightarrow \overline{AC} < 3+4 = 7$ 且 $\overline{AC} < 2+6 = 8$

當拉直 $\overline{AC}$，使 $\overline{AC} = \overline{AB} + \overline{BC}$ 有最大距離 7

最後判斷對角線 $\overline{BD}$ 的最大距離

$\Rightarrow \overline{BD} < 2+3 = 5$ 且 $\overline{BD} < 6+4 = 10$

當拉直 $\overline{BD}$，使 $\overline{BD} = \overline{DA} + \overline{AB}$ 有最大距離 5

因此兩螺絲的距離之最大值為 7

故本題答案為(C)

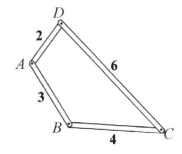

 下面我給同學一個「三角形邊角關係」觀念的試題。同學可以立即演練看看，測試自己是否已能完全掌握這個數學觀念。

若△ABC中，∠B為鈍角，且$\overline{AB}=8$，$\overline{BC}=6$，則下列何者可能為$\overline{AC}$之長度？

(A)5　(B)8　(C)11　(D)14

【98年第一次基測】

深化觀念

首先，我們必須先具備下面「鈍角三角形邊角關係」的基本觀念。

若鈍角∠B>90°，則$\overline{AC}^2>\overline{AB}^2+\overline{BC}^2$

（$\overline{AC}^2>\overline{A'C'}^2=\overline{A'B}^2+\overline{BC'}^2=\overline{AB}^2+\overline{BC}^2$）

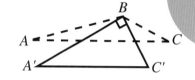

心法解析

因為∠B為鈍角，為△ABC內最大角 ⇒ $\overline{AC}$ 為最大邊

所以 $\overline{AC}>\overline{AB}=8$ 且 $\overline{AC}>\overline{AB}=6$ ⇒ $\overline{AC}>8$

又兩邊和大於第三邊，兩邊差小於第三邊 ⇒ $8-6<\overline{AC}<6+8$ ⇒ $2<\overline{AC}<14$

由上可知 $8<\overline{AC}<14$

我們運用國中必備的觀念，就可以判斷出本題答案為(C)選項。

然而，實際上 $\overline{AC}^2>8^2+6^2=100$ ⇒ $\overline{AC}>10$

因此，我們可以得到 $10<\overline{AC}<14$ 這個更準確的範圍。

圖(一)為三角形紙片 ABC，$\overline{AB}$ 上有一點 P。已知將 A、B、C 往內摺至 P 時，出現摺線 $\overline{SR}$、$\overline{TQ}$、$\overline{QR}$，其中 Q、R、S、T 四點會分別在 $\overline{BC}$、$\overline{AC}$、$\overline{AP}$、$\overline{BP}$ 上，如圖(二)所示。若 $\triangle ABC$、四邊形 $PTQR$ 的面積分別為 16、5，則 $\triangle PRS$ 面積為何？

(A)1　(B)2　(C)3　(D)4

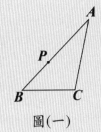
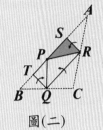

圖(一)　　圖(二)

【99 年第二次基測】

深化觀念

首先，我們必須先具備下面 3 個「三角形全等」的基本觀念。

【1】兩個圖形可以透過平移、旋轉、鏡射（翻轉）完全疊合，則這兩個圖形全等。

【2】三角形全等：$\triangle ABC \cong \triangle DEF$

　(1)對應邊等長：$\overline{AB} = \overline{DE}$，$\overline{BC} = \overline{EF}$，$\overline{AC} = \overline{DF}$

　(2)對應角相同：$\angle A = \angle D$，$\angle B = \angle E$，$\angle C = \angle F$

【3】三角形全等判別方式：SSS，SAS，ASA，AAS，RHS

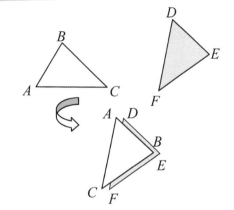

心法解析

這個題目是想測驗同學操作型的全等觀念。當我們看到試題中有摺疊圖形時，就必定可以找到一組全等圖形。而全等多邊形中，對應邊等長、對應角相同、面積相等的性質也會因此而產生。

所以本題中 $\triangle ASR \cong \triangle PSR = x$，$\triangle BTQ \cong \triangle PTQ = y$，$\triangle CRQ \cong \triangle PRQ = z$

而 $\triangle ABC = 2x + 2y + 2z = 16$，

四邊形 $PTQR = y + z = 5$

$\Rightarrow 2x + 10 = 16$

因此 $\triangle PSR = x = 3$

故本題答案為(C)

 下面我再給同學一個「三角形全等」觀念的試題。同學可以立即演練看看，測試自己是否已能完全掌握這個數學觀念。

試題 049B

$\triangle ABC$ 是直角三角形，$\angle BAC = 90°$，$\overline{AB} = 4$，$\overline{AC} = 3$，過 A 將 C 對摺在 $\overline{BD}$ 上，摺出摺痕 $\overline{AD}$。將 A 對摺至 D，摺痕為 $\overline{EF}$。分別將 B、C 摺至 D，$\overline{EG}$、$\overline{FH}$ 為摺痕，試求矩形 $EGHF$ 的面積？$\overline{EF}$ 的長？

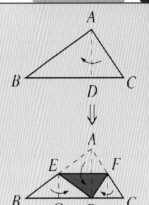

心法解析

當我們看到摺疊圖形時，就必定可以找到一組全等圖形。全等多邊形中，對應邊等長、對應角相同、面積相等的性質也會因此而產生。

本題中 $\triangle AEF \cong \triangle DEF = x \Rightarrow \overline{AE} = \overline{ED}$，$\overline{AF} = \overline{FD}$

$\triangle BEG \cong \triangle DEG = y \Rightarrow \overline{BE} = \overline{ED}$

$\triangle CFH \cong \triangle DFH = z \Rightarrow \overline{FC} = \overline{FD}$

所以 $\triangle ABC = 2x + 2y + 2z = \dfrac{1}{2} \times 4 \times 3$

$\Rightarrow$ 矩形 $EGHF = x + y + z = 3$

又 $\overline{AE} = \overline{ED} = \overline{BE}$，$E$ 為 $\overline{AB}$ 中點。$\overline{AF} = \overline{FD} = \overline{FC}$，$F$ 為 $\overline{AC}$ 中點，

根據三角中點連線性質，我們可以知道 $\overline{EF} \parallel \overline{BC}$ 且 $\overline{EF} = \dfrac{1}{2}\overline{BC}$

而 $\angle BAC = 90°$，$\overline{AB} = 4$，$\overline{AC} = 3$，根據畢氏定理 $\overline{BC} = 5$

故 $\overline{EF} = \dfrac{1}{2}\overline{BC} = \dfrac{5}{2}$

如圖，在梯形 *ABCD* 中，$\overline{AD} // \overline{BC}$，$\angle A = 90°$，$\overline{AD} = 5$，$\overline{BC} = 13$。若作 $\overline{CD}$ 的中垂線恰可通過 *B* 點，則 $\overline{AB} = ?$

(A)8　(B)9　(C)12　(D)18

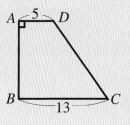

【97 年第二次基測】

深化觀念

首先，我們必須先具備下面 4 個「中垂線」的基本觀念。

【1】直線 *L* ⊥ $\overline{AB}$ 且平分 $\overline{AB}$，則直線 *L* 為 $\overline{AB}$ 的中垂線（垂直平分線）。

【2】線段中垂線上任一點到線段兩端點等距 ⇒ $\overline{PA} = \overline{PB}$。

【3】過線段兩端點的圓，其圓心必在中垂線上，半徑為圓心到線段兩端點的距離。

【4】中垂線可用尺規作圖產生或將線段兩端點折疊重合後，其摺痕為中垂線。

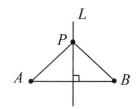

心法解析

此題中我們依題意作出 $\overline{CD}$ 的中垂線通過 *B* 點，

自然會立刻聯想到中垂線上 *B* 點到 $\overline{CD}$ 兩端點等距。

因此連接 $\overline{BD}$ 且 $\overline{BD} = \overline{BC} = 13$

再由直角△*ABD* 與畢氏定理知 $\overline{AB} = 12$

故本題答案為(C)

當我們對中垂線的性質純熟時，這個題目自然可以輕鬆的破解。

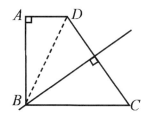

 下面我再給同學一個「中垂線」觀念的思考題。同學可以立即演練看看，測試自己是否已能完全掌握這個數學觀念。

如圖，$\overline{AB} \mathbin{/\mkern-5mu/} \overline{CD}$，$\angle ABC = 90°$，若 $\overline{AB} = 9$，$\overline{BC} = 8$，$\overline{CD} = 7$，M 是 $\overline{AD}$ 中點，自 M 點作 $\overline{AD}$ 的垂線交 $\overline{BC}$ 於 N 點，則 $\overline{CN} =$？

(A)5　(B)6　(C)$\sqrt{38}$　(D)$\sqrt{41}$

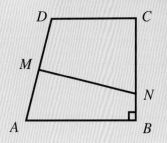

心法解析

題目中，過 M 點作 $\overline{AD}$ 的垂線交 $\overline{BC}$ 於 N 點，

自然會立即聯想到中垂線上 N 點到 $\overline{AD}$ 兩端點等距。

因此連接 $\overline{AN}$、$\overline{DN}$ 且 $\overline{AN} = \overline{DN}$

另外我們設 $\overline{CN} = x \Rightarrow \overline{BN} = 8 - x$

再由直角 $\triangle ABN$ 與 $\triangle DCN$ 中

利用畢氏定理可得知 $\overline{AN}^2 = \overline{AB}^2 + \overline{BN}^2$ 與 $\overline{DN}^2 = \overline{CD}^2 + \overline{CN}^2$

$\Rightarrow \overline{AB}^2 + \overline{BN}^2 = \overline{CD}^2 + \overline{CN}^2$

$\Rightarrow 9^2 + (8-x)^2 = 7^2 + x^2$

$\Rightarrow 81 + 64 - 16x + x^2 = 49 + x^2$

$\Rightarrow x = 6$，亦即 $\overline{CN} = 6$

故本題答案為(B)

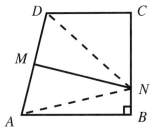

試題 051A

如圖，長方形 $ABCD$ 中，E 點在 $\overline{BC}$ 上，且 $\overline{AE}$ 平分 $\angle BAC$。若 $\overline{BE}=4$，$\overline{AC}=15$，則 $\triangle AEC$ 面積為何？

(A)15　(B)30　(C)45　(D)60

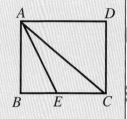

【98 年第一次基測】

深化觀念

首先，我們必須先具備下面 4 個「角平分線」的基本觀念。

【1】直線 L 平分 $\angle BAC$，則直線 L 為 $\angle BAC$ 的角平分線（分角線）。

【2】角平分線上任一點到兩夾邊等距 $\Rightarrow \overline{PB}=\overline{PC}$。

【3】與一角的兩夾邊相切的圓，其圓心必在角平分線上，半徑為圓心到兩邊的距離。

【4】角平分線可用尺規作圖產生或將角的兩夾邊折疊重合後，其摺痕為角平分線。

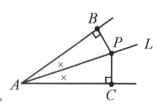

心法解析

當我們看到題目中 $\overline{AE}$ 平分 $\angle BAC$，自然會立刻聯想到角平分線上 E 點到 $\angle BAC$ 的兩夾邊等距，因此我們作 $\overline{EF}\perp\overline{AC}$，且 $\overline{EF}=\overline{EB}$。

或是我們也可以運用角的兩夾邊折疊重合後，其摺痕為角平分線的觀念，將 $\triangle ABE$ 沿 $\overline{AE}$ 折疊，則 $\overline{AB}$ 與 $\overline{AC}$ 重合，B 點與 F 點重合 $\Rightarrow \overline{EF}=\overline{EB}$。

$\Rightarrow \triangle AEC = \dfrac{1}{2}\overline{AC}\times\overline{EF}=\dfrac{1}{2}\times 15\times 4=30$

故本題答案為(B)

當我們對角平分線的性質純熟時，這個題目自然可以輕鬆的破解。

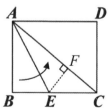

 下面我再給同學一個「角平分線」觀念的思考題。同學可以立即演練看看，測試自己是否已能完全掌握這個數學觀念。

試題 051B

如圖，已知 $\overline{BD}$ 平分 $\angle ABC$，$\overline{AD}=\overline{CD}$，若 $\angle BCD=45°$，$\overline{CD}=10$，
且四邊形 $ABCD$ 之面積為 90，則 $\triangle ABD$ 的面積為？

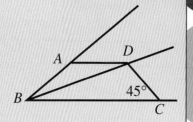

心法解析

面對這個題目，剛開始我們會試著想利用，角平分線上任一點到兩夾邊等距的性質，但是卻無法理出頭緒。
所以我們改變解題策略，嘗試使用折疊的觀念，運用角的兩夾邊折疊重合後，其摺痕為角平分線的想法，
將 $\triangle ABD$ 沿 $\overline{BD}$ 折疊，則 $\overline{AB}$ 與 $\overline{BC}$ 重合，A 點與 E 點重合，

$\Rightarrow \triangle ABD \cong \triangle EBD \Rightarrow \overline{AD}=\overline{ED}$。

又 $\overline{AD}=\overline{CD}=\overline{ED}=10 \Rightarrow \angle DEC=\angle DCE=45°$，$\angle EDC=90°$，

因此 $\triangle DEC$ 為等腰直角三角形，

所以 $\triangle DEC = \dfrac{1}{2}\overline{DE} \times \overline{DC} = \dfrac{1}{2} \times 10 \times 10 = 50$

$\Rightarrow \triangle ABD = \dfrac{1}{2}(\text{四邊形 } ABCD - \triangle DEC)$

$\qquad\qquad = \dfrac{1}{2}(90-50)=20$

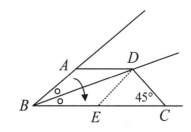

如圖(一)，將某四邊形紙片 $ABCD$ 的 $\overline{AB}$ 向 $\overline{BC}$ 方向摺過去（其中 $\overline{AB} < \overline{AC}$），使得 A 點落在 $\overline{BC}$ 上，展開後出現摺線 $\overline{BD}$，如圖(二)。將 B 點摺向 D，使得 B、D 兩點重疊，如圖(三)，展開後出現摺線 $\overline{CE}$，如圖(四)。根據圖(四)，判斷下列關係何者正確？

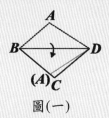
圖(一)

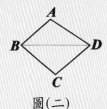
圖(二)

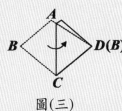
圖(三)

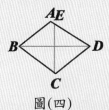
圖(四)

(A) $\overline{AD} \,/\!/\, \overline{BC}$　　(B) $\overline{AB} \,/\!/\, \overline{CD}$　　(C) $\angle ADB = \angle BDC$　　(D) $\angle ADB > \angle BDC$　　【100 年第一次基測】

深化觀念

這是一個測驗「摺疊與中垂線、角平分線」觀念的試題。

心法解析

在教學經驗中，常會發覺同學對操作型的數學試題，分析處理的能力較弱。然而這種問題卻又是基測考試中常出現的題型。面對這個操作型的試題，我們必須先具備下面兩個基本觀念。

(1)將線段兩端點折疊重合後，其摺痕為中垂線。

(2)將角的兩夾邊折疊重合後，其摺痕為角平分線。

因為 $\overline{AB}$ 摺向 $\overline{BC}$，所以 $\overline{BD}$ 為 $\angle B$ 的角平分線

$\Rightarrow \angle ABD = \angle CBD$

因為將 B 點摺向 D 點，所以 $\overline{EC}$ 為 $\overline{BD}$ 的中垂線

$\Rightarrow \overline{CB} = \overline{CD} \Rightarrow \triangle BCD$ 為等腰三角形 $\Rightarrow \angle CBD = \angle CDB$

因此 $\angle ABD = \angle CBD = \angle CDB$，由平行線內錯角相等的觀念 $\Rightarrow \overline{AB} \,/\!/\, \overline{CD}$

故本題答案為(B)

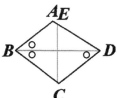

 下面我再給同學一個「摺疊與中垂線、角平分線」觀念的思考題。同學可以立即演練看看，測試自己是否已能完全掌握這個數學觀念。

試題 052B

如圖，矩形 $ABCD$ 中，M、N 分別為 $\overline{AB}$、$\overline{CD}$ 的中點，把頂點 B 摺疊在 $\overline{MN}$ 的一點 F 上，若邊長 $\overline{AB}$ 為 3，則摺痕 $\overline{AE}$ 的長為多少？

(A)4　(B)$\sqrt{3}$　(C)$2\sqrt{3}$　(D)$\dfrac{5}{2}$

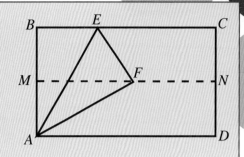

心法解析

當我們看到試題中有摺疊圖形時，就立刻可以找到一組全等圖形。

因為 $\overline{AB}$ 摺向 $\overline{AF}$，所以 $\triangle ABE \cong \triangle AFE \Rightarrow \overline{AB} = \overline{AF}$，$\angle BAE = \angle FAE$

又 M、N 分別為 $\overline{AB}$、$\overline{CD}$ 的中點，所以 $\triangle AMF$ 為直角三角形

且三邊比 $\overline{AM} : \overline{AF} : \overline{MF} = \overline{AM} : \overline{AB} : \overline{MF} = 1 : 2 : \sqrt{3}$

因此 $\angle MAF = 60° \Rightarrow \angle BAE = \angle FAE = 30°$

最後，我們可以在直角 $\triangle ABE$ 中，得到 $\angle BAE = 30°$，$\angle BEA = 60°$

$\Rightarrow$ 三邊比 $\overline{BE} : \overline{AE} : \overline{AB} = 1 : 2 : \sqrt{3}$

若 $\overline{AB} = 3$，則 $\overline{AE} = \dfrac{2}{\sqrt{3}} \overline{AB} = \dfrac{2}{\sqrt{3}} \times 3 = 2\sqrt{3}$

故本題答案為(C)

圖(一)是四邊形紙片 $ABCD$，其中 $\angle B = 120°$，$\angle D = 50°$。若將其右下角向內摺出一 $\triangle PCR$，恰使 $\overline{CP} /\!/ \overline{AB}$，$\overline{RC} /\!/ \overline{AD}$，如圖(二)所示，則 $\angle C = ?$

(A)80°　(B)85°　(C)95°　(D)110°

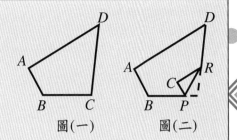

圖(一)　　圖(二)

【96 年第一次基測】

深化觀念

這是一個測驗「摺疊與全等圖形」觀念的試題。

心法解析

破解這個題目我們必須使用 2 個數學觀念。

首先，我們先使用平行線的觀念

$\overline{CP} /\!/ \overline{AB} \Rightarrow$ 同位角 $\angle CPC' = \angle B = 120°$

$\overline{RC} /\!/ \overline{AD} \Rightarrow$ 同位角 $\angle CRC' = \angle D = 50°$

其次，當我們看到摺疊圖形時，立刻可以找到一組全等圖形 $\triangle CPR \cong \triangle C'PR$

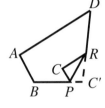

$\Rightarrow \angle CPR = \angle C'PR = \dfrac{1}{2} \times 120° = 60°$

$\Rightarrow \angle CRP = \angle C'RP = \dfrac{1}{2} \times 50° = 25°$

因此在 $\triangle CPR$ 中，我們可得知 $\angle C = 180° - 60° - 25° = 95°$

故本題答案為(C)

下面我再給同學一個「摺疊與全等圖形」觀念的試題。同學可以立即演練看看，測試自己是否已能完全掌握這個數學觀念。

如圖，將紙片沿著△ABC沿著$\overline{DE}$摺疊壓平。已知∠1 = 23°，∠2 = 33°，則∠A = ?

(A)28°　(B)30°　(C)36°　(D)40°

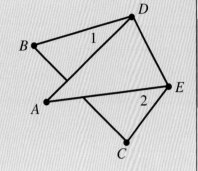

心法解析

當我們看到摺疊圖形時，立刻可以找到一組全等圖形△ADE ≅ △A'DE

$\Rightarrow \angle ADE = \angle A'DE = \dfrac{1}{2}(180° - \angle 1)$

$\Rightarrow \angle AED = \angle A'ED = \dfrac{1}{2}(180° - \angle 2)$

因此$\angle A = 180° - \dfrac{1}{2}(180° - \angle 1) - \dfrac{1}{2}(180° - \angle 2)$

$\qquad = \dfrac{1}{2}(\angle 1 + \angle 2) = \dfrac{1}{2}(23° + 33°)$

$\qquad = 28°$

故本題答案為(A)

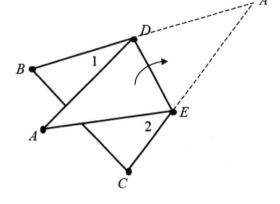

小明有一些大小相同的正五邊形，他用下列方式將正五邊形擺放在一圓周上，如圖所示：

(1)每個正五邊形與相鄰的正五邊形皆有一邊緊密地放在一起

(2)每一個正五邊形皆有一邊與圓相切

若這些正五邊形正好將此圓全部圍住，則這些正五邊形最少有幾個？

(A)9　(B)10　(C)11　(D)12

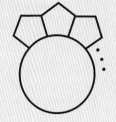

【94 年第二次基測】

深化觀念

首先，我們必須先具備下面 3 個「正多邊形」的基本觀念。

【1】n 邊形內角和為 $(n-2) \times 180°$ $\Rightarrow$ 正 n 邊形一內角為 $\dfrac{(n-2) \times 180°}{n} = 180° - \dfrac{360°}{n}$。

【2】n 邊形外角和為 $360°$ $\Rightarrow$ 正 n 邊形一外角為 $\dfrac{360°}{n}$。

【3】n 邊形對角線共有 $\dfrac{n(n-3)}{2}$ 條。

心法解析

在教學經驗中，常看到同學面對這個試題，沒能透析題目的真正意義，就開始嘗試繪製圓外的正五邊形，希望在畫滿一圈後，就可以數出共有幾個。事實上，這個題目測驗的是正多邊形內外角觀念，我們其實是不需要拼命的去畫五邊形的。

我們先假設有 n 個外切正五邊形，這些正五邊形會拼湊成正 n 邊形。

所以我們可以先計算正 n 邊形的一個內角或外角，再求出邊數 n。

因為正五邊形一個內角為 $108°$

所以正 n 邊形的一個內角 $= 360° - 108° - 108° = 144°$

由正 n 邊形一內角 $= \dfrac{(n-2) \times 180°}{n} = 144°$，可得知 $n = 10$

另一種想法是，因為正 n 邊形的一個外角 $= 180° - 144° = 36°$

若使用多邊形外角和永遠是 $360°$ 的觀念，

我們可以更快速的求出

$n = \dfrac{360°}{36°} = 10$

故本題答案為(B)

 下面我再給同學一個「正多邊形」觀念的試題。同學可以立即演練看看，測試自己是否已能完全掌握這個數學觀念。

試題 054B

如圖，阿群從 A_1 點出發，直線前進 10 公尺到 A_2 點，向右轉 $60°$，繼續直線前進 10 公尺到 A_3 點後，再右轉 $60°$，依此規律繼續走下去，請問阿群走到下列哪一點時，與 A_1 點的距離最遠？

(A)A_{100}　(B)A_{101}　(C)A_{102}　(D)A_{103}。

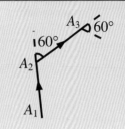

心法解析

因為每走 10 公尺右轉 $60°$，最後會形成正多邊形，且一個外角為 $60°$。

又正 n 邊形外角和永遠是 $360°$，所以 $n = \dfrac{360°}{60°} = 6$

在正六邊形中，點 A_4 距離點 A_1 最遠，但答案卻沒有 A_4 可選。

我們繼續考慮循環性，因為 6 邊形，所以每 6 次一個循環，

$\Rightarrow A_4$，A_{10}，A_{16}，…為同一點，除以 6 皆餘 4。

因為 $100 \div 6 = 16\cdots4$，所以距離 A_1 最遠的為點 A_{100}。

故本題答案為(A)

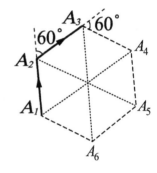

如圖，甲、乙、丙、丁為四個全等的六邊形，且緊密地圍著灰色正方形戊。若甲、乙、丙、丁、戊的每一邊長均為 1，則戊面積與甲面積的比值為何？

(A)$\frac{1}{2}$　(B)$\frac{1}{3}$　(C)$\frac{1}{\sqrt{2}}$　(D)$\frac{1}{\sqrt{2}+1}$

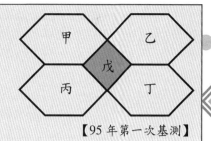

【95 年第一次基測】

深化觀念

這是一個測驗「多邊形」觀念的試題。

心法解析

這是基測當年一個具爭議性的問題，因為不能確定這個圖形以外的部份，若說這只是磁磚重複圖形的一部份就不會有爭議了。

這個問題主要是要我們能夠求出六邊形的面積，這需要對六邊形作切割。很多同學會連接六邊形對角線，卻徒勞無功。

事實上，關鍵在於 $\overline{AB}=\overline{AF}$，$\angle BAF=90°$，所以 $\triangle ABF$ 為等腰直角三角形。

因此我們連接 $\overline{BF}$ 與 $\overline{CE}$，則 $\triangle ABF$ 與 $\triangle CDE$ 為等腰直角三角形，且 $\triangle ABF$ 與 $\triangle CDE$ 可拼合成一邊長為 1 的正方形 $\Rightarrow$ 面積 $=1$

而 $BCEF$ 為長方形，$\overline{BC}=1$，$\overline{BF}=\sqrt{2}$ $\Rightarrow$ $BCEF$ 面積 $=\sqrt{2}$

所以甲的面積 $=\sqrt{2}+1$

$\Rightarrow$ 戊的面積與甲的面積比值為 $\dfrac{1}{\sqrt{2}+1}=\sqrt{2}-1$

故本題答案為(D)

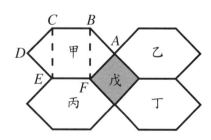

 下面我再給同學一個「多邊形」觀念的試題。同學可以立即演練看看，測試自己是否已能完全掌握這個數學觀念。

試題 055B

如圖，某個等角八邊形有四個邊的邊長為 2 且另四個邊的邊長為 $\sqrt{2}$，且相鄰的邊都不等長。試問此等角八邊形面積為多少？

(A)14　(B)$7\sqrt{2}$　(C)$14\sqrt{2}$　(D)$8+8\sqrt{2}$

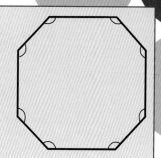

心法解析

大部份的同學在看到這個求面積的問題時，多半會去切割它來求出面積。

事實上，這個等角八邊形，我們可以看成是正方形切掉 4 個等腰直角三角形的結果。

我們不妨將它補回原先的正方形，再扣掉 4 個等腰直角三角形，會容易的多。

因為 $\overline{AC} < \overline{CD}$，所以 $\overline{AC} = \sqrt{2}$，$\overline{CD} = 2$

又 $\triangle ABC$ 為等腰直角三角形 $\Rightarrow \overline{AB} = \overline{BC} = 1$

因此原來的大正方形邊長 $\overline{BE} = \overline{BC} + \overline{CD} + \overline{DE} = 1+2+1 = 4$

等角八邊形面積 $=$ 正方形 $- 4 \times \triangle ABC = 4^2 - 4 \times \left(\dfrac{1}{2} \times 1^2 \right) = 14$

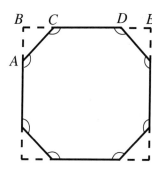

故本題答案為(A)

如圖，△ABC 是邊長為 a 的正三角形紙張，今在各角剪去一個三角形，使得剩下的六邊形 PQRSTU 為正六邊形，則此正六邊形的周長為何？

(A)$2a$　(B)$3a$　(C)$\dfrac{3}{2}a$　(D)$\dfrac{9}{4}a$

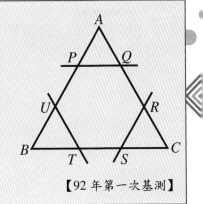

【92 年第一次基測】

深化觀念

這是一個測驗「多邊形與分割」觀念的試題。

心法解析

面對正六邊形，我們只要連接其對角線，就可以將它切割為 6 個全等的小正三角形。

而原來大正三角形△ABC，則形成 9 個全等的小正三角形。

因此，正六邊形的邊長為原來大正三角形△ABC邊長的 $\dfrac{1}{3}$

$\Rightarrow \overline{TS} = \dfrac{1}{3}a$

$\Rightarrow$ 正六邊形的周長 $= 6\overline{TS} = 6 \times \dfrac{1}{3}a = 2a$

故本題答案為(A)

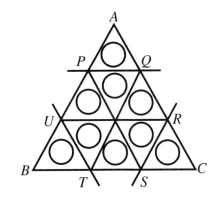

下面我再給同學一個「多邊形與分割」觀念的試題。同學可以立即演練看看，測試自己是否已能完全掌握這個數學觀念。

如圖，一個正三角形的面積為 36，今截去三個角，使它成為正六邊形，
此正六邊形的面積為？

(A)24　(B)15　(C)$24\sqrt{3}$　(C)$15\sqrt{3}$

心法解析

事實上，這個題目我們並不需要由面積求出正三角形的邊長，再求
正六邊形的面積。

對於正六邊形我們只要連接其對角線，就可以將它切割為 6 個全等
的小正三角形。

對於原來大正三角形，則形成 9 個全等的小正三角形。

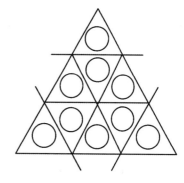

因此，正六邊形的面積 $= \dfrac{6}{9}$ 大正三角形的面積

$\Rightarrow$ 正六邊形的面積 $= \dfrac{6}{9} \times 36 = 24$

故本題答案為(A)

下圖為一正六邊形 $ABCDEF$，P、Q 分別是 $\overline{AF}$、$\overline{BC}$ 的中點。若連接 $\overline{PQ}$，則四邊形 $APQB$ 面積佔此正六邊形面積的幾分之幾？

(A) $\dfrac{5}{24}$　(B) $\dfrac{6}{24}$　(C) $\dfrac{7}{24}$　(D) $\dfrac{11}{48}$

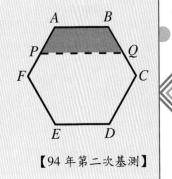

深化觀念

這是一個測驗「多邊形與分割」觀念的試題。

心法解析

對於正六邊形我們只要連接其對角線，就可以將它切割為 6 個全等的正三角形。

而後，我們再連接 $\triangle AFO$、$\triangle ABO$、$\triangle BOC$ 各邊中點，可以再將 1 個正三角形切割為 4 個小正三角形。

所以 $\dfrac{\text{四邊形 } APQB}{\text{正六邊形 } ABCDEF} = \dfrac{5 \times \text{小正三角形}}{6 \times \text{正三角形}} = \dfrac{5 \times \text{小正三角形}}{6 \times (4 \times \text{小正三角形})} = \dfrac{5}{24}$

故本題答案為(A)

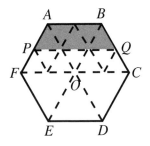

 下面我給同學一個「多邊形與分割」觀念的思考題。同學可以立即演練看看，測試自己是否已能完全掌握這個數學觀念。

試題 057B

如圖，$\triangle ABC$ 中，D、E 分別為 $\overline{AB}$、$\overline{AC}$ 的中點，$\overline{BE}$ 與 $\overline{CD}$ 相交於 O、F、G 分別為 $\overline{OB}$、$\overline{OC}$ 的中點，則 $\dfrac{\text{四邊形 } DFGE \text{ 面積}}{\triangle ABC \text{ 面積}} = ?$

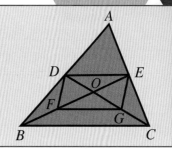

深化觀念

首先，我們必須先具備下面 3 個「三角形與平行四邊形」的基本觀念。

【1】三角形三邊中點連線，分割三角形為 4 個全等小三角形。

【2】三角形三中線交點為重心，分割三角形為 6 個等面積的小三角形

【3】平行四邊形對角線，分割平行四邊形為 4 個等面積的三角形。

心法解析

因為 D、E 分別為 $\overline{AB}$、$\overline{AC}$ 的中點 $\Rightarrow \overline{DE} // \overline{BC}$，$\overline{DE} = \dfrac{1}{2}\overline{BC}$

因為 F、G 分別為 $\overline{OB}$、$\overline{OC}$ 的中點 $\Rightarrow \overline{FG} // \overline{BC}$，$\overline{FG} = \dfrac{1}{2}\overline{BC}$，

因此 $DFGE$ 為平行四邊形。

作 $\overline{BC}$ 的中線 $\overline{AH}$，連接 $\overline{FG}$、$\overline{GH}$

$\Rightarrow \dfrac{\text{四邊形 } DFGE \text{ 面積}}{\triangle ABC \text{ 面積}} = \dfrac{4\triangle OFG}{3\triangle OBC} = \dfrac{4\triangle OFG}{3 \times 4\triangle OFG} = \dfrac{1}{3}$

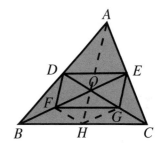

試題 058A

如圖，有一圓內接正八邊形 $ABCDEFGH$，若 $\triangle ADE$ 的面積為 10，則正八邊形 $ABCDEFGH$ 的面積為何？

(A)40　(B)50　(C)60　(D)80

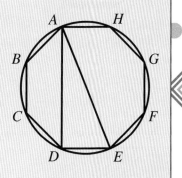

【99 年第一次基測】

深化觀念

這是一個測驗「多邊形與面積轉化」觀念的試題。

心法解析

這個題目許多同學看到後，常會去假設 $\triangle ADE$ 的邊長，再設法求出正八邊形的面積。

事實上，當我們看到一個內接在圓內的正八邊形後，我們可以先連接其剩下的 3 條直徑，將正八邊形切割成為 8 個全等的等腰三角形。

又因為圓心 O 為直徑 $\overline{AE}$ 的中點，$\triangle ODE$、$\triangle AOD$ 為等底同高的三角形，所以 $\triangle ODE = \triangle AOD = \dfrac{1}{2}\triangle ADE = \dfrac{1}{2} \times 10 = 5$

正八邊形 $ABCDEFGH = 8\triangle ODE = 8 \times 5 = 40$

故本題答案為(A)

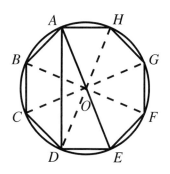

 下面我再給同學一個「多邊形與面積轉化」觀念的思考題。同學可以立即演練看看，測試自己是否已能完全掌握這個數學觀念。

試題 058B

如圖，正八邊形內一點 P，且正八邊形面積是 36，試求△PHA 與
△PED 的面積總和？

(A)14 　(B)11 　(C)9 　(D)5

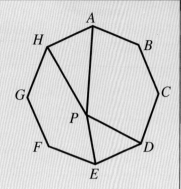

心法解析

首先我們不妨先將此八邊形轉正，並將它內接在圓內，以方便我們解析與思考。

在連接 4 條直徑後，此八邊形會切割成為 8 個全等的等腰三角形。

若我們假設此八邊形的邊長為 a

P 點到 $\overline{AH}$ 的距離為 x，P 點到 $\overline{ED}$ 的距離為 y

O 點到 $\overline{AH}$ 的距離為 z，O 點到 $\overline{ED}$ 的距離也為 z

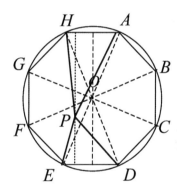

$$\triangle PAH + \triangle PED = \frac{1}{2}ax + \frac{1}{2}ay = \frac{1}{2}a\,(x+y) = \frac{1}{2}a(2z) = az$$

$$\triangle OAH + \triangle OED = \frac{1}{2}az + \frac{1}{2}az = az$$

$$\Rightarrow \triangle PAH + \triangle PED = \triangle OAH + \triangle OED = 2\triangle OAH$$

又正八邊形面積為 36，因此 $2\triangle OAH = 2 \times \left(\frac{1}{8} \times 36\right) = 9$

故本題答案為(C)

如圖，將五邊形 $ABCDE$ 沿直線 BC 往下平移，使得新五邊形 $A'B'C'D'E'$ 的頂點 B' 與 C 點重合。若 $\angle A = 103°$，$\angle E = 110°$，$\angle D = 113°$，$\angle B = 115°$，則 $\angle A'CD = ?$

(A)30° (B)32° (C)34° (D)36°

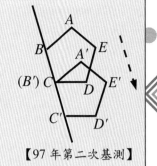

【97 年第二次基測】

深化觀念

首先，我們必須先具備下面 3 個「平行線」的基本觀念。

【1】截線與截角：L 為 L_1 與 L_2 的截線。

   (1)同位角：$\angle 1, \angle 5$，$\angle 2, \angle 6$，$\angle 3, \angle 7$，$\angle 4, \angle 8$

   (2)內錯角：$\angle 3, \angle 5$，$\angle 4, \angle 6$

   (3)同側內角：$\angle 3, \angle 6$，$\angle 4, \angle 5$

【2】平行線：$L_1 // L_2 \Rightarrow L_1, L_2$ 方向相同，永不相交 $\Rightarrow L_1 \perp \overleftrightarrow{AB}$，$L_2 \perp \overleftrightarrow{AB}$。

【3】兩平行線被一截線所截，則：

   (1)同位角相等 $\Rightarrow \angle 1 = \angle 5$，$\angle 2 = \angle 6$，$\angle 3 = \angle 7$，$\angle 4 = \angle 8$

   (2)內錯角相等 $\Rightarrow \angle 3 = \angle 5$，$\angle 4 = \angle 6$

   (3)同側內角互補 $\Rightarrow \angle 3 + \angle 6 = 180°$，$\angle 4 + \angle 5 = 180°$

   (4)兩平行線之間處處等距。

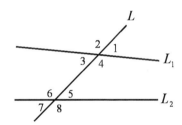

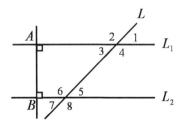

心法解析

因為五邊形 $ABCDE$ 沿直線 BC 往下平移成新五邊形 $A'B'C'D'E'$

所以 $\overline{AB} // \overline{A'C}$，$\overline{CD} = \overline{C'D'} \Rightarrow \angle A'CB = 180° - \angle B = 180° - 115° = 65°$

又五邊形內角和 $540°$

故 $\angle BCD = 540° - \angle A - \angle B - \angle D - \angle E$

$\qquad\qquad = 540° - 103° - 115° - 113° - 110° = 99°$

$\Rightarrow \angle A'CD = \angle BCD - \angle A'CB = 99° - 65° = 34°$

故本題答案為(C)

下面我再給同學一個「平行線」觀念的試題。同學可以立即演練看看，測試自己是否已能完全掌握這個數學觀念。

試題 059B

如圖，$L_1 /\!/ L_2$，B、C、E、I 四點共線，其中 $ABCD$ 為正方形，$EFGHI$ 為正五邊形，且 $\angle 1 = 45°$，則 $\angle 2$ 為多少度？

(A)45°

(B)72°

(C)63°

(D)81°

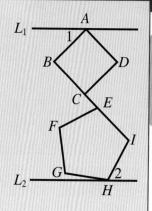

心法解析

面對這個圖形，首先我們可以先將它簡化成兩平行線之間有一彎曲的截線。

因為 $ABCD$ 為正方形 $\Rightarrow \angle B = 90°$。

又 $EFGHI$ 為正五邊形 $\Rightarrow \angle I = 108°$

我們分別過 B，I 作 L_3，L_4 平行 L_1，L_2。

這是平行線之間最常使用的一種輔助線。

$\Rightarrow$ 內錯角 $\angle 3 = \angle 1 = 45°$

$\Rightarrow \angle 4 = 90° - 45° = 45°$

$\Rightarrow$ 內錯角 $\angle 5 = \angle 4 = 45°$

$\Rightarrow \angle 6 = 108° - 45° = 63°$

$\Rightarrow$ 內錯角 $\angle 2 = \angle 6 = 63°$

故本題答案為(C)

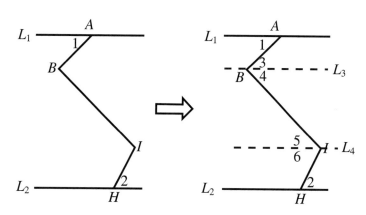

如圖，長方形 $ABCD$ 中，E 為 $\overline{BC}$ 中點，作 $\angle AEC$ 的角平分線交 $\overline{AD}$ 於 F 點。若 $\overline{AB}=6$，$\overline{AD}=16$，則 $\overline{FD}$ 的長度為何？

(A)4　(B)5　(C)6　(D)8

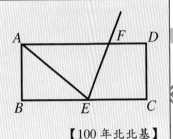

【100 年北北基】

深化觀念

這是一個測驗「平行線」觀念的試題。

心法解析

這是一個將平行線與角平分線觀念靈活結合的問題。

因為 $\angle AEC$ 的角平分線交 $\overline{AD}$ 於 $F \Rightarrow \angle AEF = \angle FEC$

又 $\overline{AD} \mathbin{/\!/} \overline{BC} \Rightarrow$ 內錯角 $\angle FEC = \angle AFE$

因此 $\angle AEF = \angle AFE$，$\triangle AEF$ 為等腰三角形 $\Rightarrow \overline{AF} = \overline{AE}$

又 E 為 $\overline{BC}$ 中點 $\Rightarrow \overline{BE} = \dfrac{1}{2}\overline{BC} = 8$ 且 $\overline{AB} = 6$，

在直角 $\triangle ABE$ 中，由畢氏定理知 $\overline{AE} = 10$

$\Rightarrow \overline{AF} = \overline{AE} = 10$

$\Rightarrow \overline{FD} = \overline{AD} - \overline{AF} = 16 - 10 = 6$

故本題答案為(C)

 下面我給同學一個「平行線與摺疊」觀念的思考題。同學可以立即演練看看，測試自己是否已能完全掌握這個數學觀念。

試題 060B

如圖，將長方形 $ABCD$ 沿 $\overline{EF}$ 摺疊，且 A 點落在 A' 上，B 點落在 B' 上，若 $\angle EGB = 45°$，$\overline{AB} = 8$ 公分，則 $\triangle EFG$ 的面積為多少？
(A)$32\sqrt{2}$ (B)40 (C)$40\sqrt{2}$ (D)64

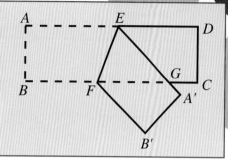

心法解析

當我們看到摺疊圖形時，立刻就可以找到一組全等圖形。

⇒ 梯形 $ABFE \cong$ 梯形 $A'B'FE$ ⇒ $\angle AEF = \angle GEF$

又 $\overline{AD} // \overline{BC}$ ⇒ $\angle AEF = \angle GFE$

因此 $\angle GEF = \angle GFE$，$\triangle GEF$ 為等腰三角形且頂角 $\angle EGB = 45°$

事實上，當我們遇到頂角為特別角的等腰三角形時，最常作的輔助線有「底邊上的高」和「腰上的高」。

本題作底邊上的高無法破解，要作腰上的高 $\overline{EH}$。

因為平行線處處等距 ⇒ $\overline{EH} = \overline{AB} = 8$

又 $\angle EGB = 45°$ ⇒ $\triangle EGH$ 為等腰直角三角形 ⇒ $\overline{EG} = 8\sqrt{2}$

因此 $\overline{AB} = \overline{EG} = 8\sqrt{2}$

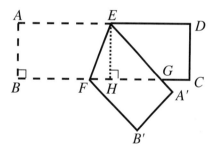

⇒ $\triangle EFG = \dfrac{1}{2}\overline{FG} \times \overline{EH} = \dfrac{1}{2} \times 8\sqrt{2} \times 8 = 32\sqrt{2}$

故本題答案為(A)

試題 061A

如圖，有一菱形 $ABCD$，$\overline{AB}=4$，面積為 $2\sqrt{2}$。若 $\overline{AB}$ 上有一點 M，則 M 到直線 BC 的距離為何？

(A) $\dfrac{\sqrt{2}}{4}$　(B) $\dfrac{\sqrt{2}}{2}$　(C) $2\sqrt{2}$　(D) $8\sqrt{2}$

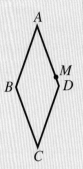

【98 年第二次基測】

深化觀念

首先，我們必須先具備下面 3 個「平行四邊形」的基本觀念。

【1】兩雙對邊互相平行的四邊形稱為平行四邊形。

【2】平行四邊形常用性質：

(1)對邊相等：$\overline{AB}=\overline{CD}$，$\overline{AD}=\overline{BC}$

(2)對角相等：$\angle A=\angle C$，$\angle B=\angle D$

(3)鄰角互補：$\angle A+\angle B=180°$，$\angle B+\angle C=180°$，$\angle C+\angle D=180°$，$\angle A+\angle D=180°$

(4)對角線互相平分：$\overline{AO}=\overline{CO}$，$\overline{BO}=\overline{DO}$

(5)對角線平分兩全等三角形：$\triangle ABC \cong \triangle CDA$

(6) $\square\,ABCD$ 面積＝底 × 高

【3】平行四邊形常用判別方式：

(1)一雙對邊平行且相等

(2)對角線互相平分

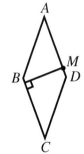

心法解析

因為 $ABCD$ 為菱形，所以四邊等長 $\overline{BC}=\overline{AB}=4$

又 M 到直線 BC 的距離為邊上的高 h，

我們可以利用面積公式 $\overline{BC} \times h = 2\sqrt{2}$

$\Rightarrow 4 \times h = 2\sqrt{2} \Rightarrow h=\dfrac{\sqrt{2}}{2}$

故本題答案為(B)

 下面我再給同學一個「菱形」觀念的試題。同學可以立即演練看看，測試自己是否已能完全掌握這個數學觀念。

國中數學滿分心法：引爆中學生數學能力的奧義

試題 061B

如圖，將二個長 12 公分、寬 3 公分的長方形紙條相交，陰影區 ABCD 為重疊的部分。請問：若四邊形 ABCD 的面積是 12 平方公分，那麼 $\overline{BC}$ 的長度是多少公分？

(A)3　(B)4　(C)6　(D)8

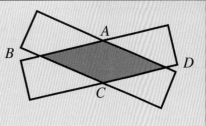

【98 年第二次基測】

深化觀念

首先，我們必須先具備下面 3 個「四邊形」的基本觀念。

【1】矩形（長方形）：四個角為直角 ⇒ 對角線互相平分且相等。

【2】正方形：四個角為直角且四邊等長 ⇒ 對角線互相垂直平分且相等。

【3】菱形：四邊等長 ⇒ 對角線互相垂直平分。

【4】箏（鳶）形：兩組鄰邊等長 ⇒ 對角線互相垂直。

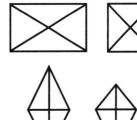

心法解析

因為 $\overline{AD} \parallel \overline{BC}$，$\overline{AB} \parallel \overline{CD}$

所以兩長方形重疊部分 ABCD 為平行四邊形。

我們作 $\overline{BC}$ 邊上的高 h，可知其長度為長方形的寬 3 公分

再利用面積公式知 $\overline{BC} \times h = 12$

⇒ $\overline{BC} \times 3 = 12$ ⇒ $\overline{BC} = 4$ 公分

同理我們也可以作 $\overline{CD}$ 邊上的高 h，並得知 $\overline{CD} = 4$

所以 ABCD 不只是平行四邊形，事實上 ABCD 為菱形。

故本題答案為(B)

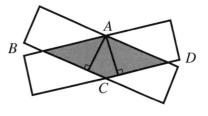

事實上，兩長方形的重疊圖形也經常出現在我們的生活經驗中，知道它是菱形，並且知道它為什麼是菱形，是同學必須具備的基本數學觀念。

如圖，將兩個邊長為 12 的正方形 ABCE、EFGH 的部份區域重疊在一起，形成一多邊形區域（即多邊形 ABPFGHQD）。若此多邊形區域的周長為 70，則四邊形 EPCQ 的周長為何？

(A)35　(B)26　(C)24　(D)22

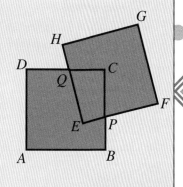

【96 年第二次基測】

深化觀念

這是一個測驗「多邊形重疊」觀念的試題。

心法解析

我們可以由此重疊圖形得知，

兩個正方形的周長＝多邊形 ABPFGHQD 的周長＋四邊形 EPCQ 的周長

$\Rightarrow 8 \times 12 = 70 +$ 四邊形 EPCQ 的周長

因此，四邊形 EPCQ 的周長＝26

故本題答案為(B)

國中數學滿分心法：引爆中學生數學能力的奧義

下面我給同學一個「平行四邊形重疊」觀念的思考題。同學可以立即演練看看，測試自己是否已能完全掌握這個數學觀念。

試題 062B

如圖，四邊形 *ABCD* 與 *EFGD* 皆為平行四邊形，已知平行四邊形 *ABCD* 的面積為 24，四邊形 *EHCD* 的面積為 18，則 △*HCF* 與 △*CDG* 的面積和為？

(A)6　(B)8　(C)9　(D)10

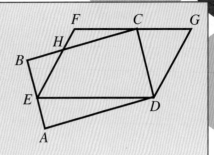

深化觀念

首先，我們必須先具備下面「平行四邊形」的基本觀念。

在 ▱*ABCD*，$\overline{AD}$ 上取一點 *P*，不論 *P* 在任何位置 ⇒ ▱*ABCD* = 2△*PBC*

事實上，我們只要過 *P* 點作一平行線，就可以輕鬆的明白這個性質。

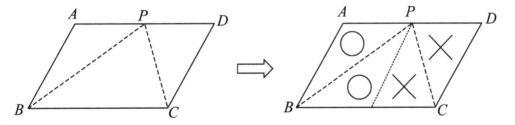

心法解析

在這個重疊圖形中，我們先連接 $\overline{CE}$，立刻可以看出，

▱*ABCD* = 2△*CED* = ▱*FEDG* = 24

又四邊形的 *EHCD* 面積為 18

⇒ △*HCF* + 四邊形 *EHCD* + △*CDG* = ▱*FEDG*

⇒ △*HCF* + 18 + △*CDG* = 24

⇒ △*HCF* + △*CDG* = 24 − 18 = 6

故本題答案為(A)

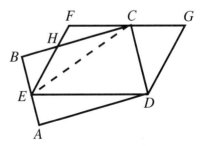

如圖，梯形 ABCD 的兩底長為 $\overline{AD}=6$，$\overline{BC}=10$，中線為 $\overline{EF}$，且 $\angle B$ $=90°$。若 P 為 $\overline{AB}$ 上的一點，且 $\overline{PE}$ 將梯形 ABCD 分成面積相同的兩區域，則 $\triangle EFP$ 與梯形 ABCD 的面積比為何？

(A)1：6　(B)1：10　(C)1：12　(D)1：16

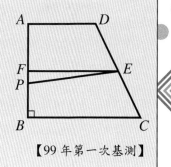

【99 年第一次基測】

深化觀念

首先，我們必須先具備下面 3 個「梯形」的基本觀念。

【1】一雙對邊平行 $\overline{AD}\,/\!/\,\overline{BC}$，另兩對邊不平行稱為梯形。

【2】中線 $\overline{MN}=\dfrac{上底+下底}{2}=\dfrac{\overline{AD}+\overline{BC}}{2}$

【3】梯形面積 $=\dfrac{(上底+下底)\times 高}{2}=$ 中線 $\times$ 高

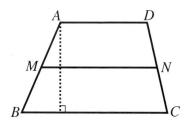

心法解析

因為 $\overline{EF}$ 為梯形中線，所以我們不妨可以先假設 $\overline{AF}=\overline{FB}=a$ 且 $\overline{EF}=\dfrac{6+10}{2}=8$

梯形 AFED 面積 $=\dfrac{(6+8)\times a}{2}=7a$，梯形 FBCE 面積 $=\dfrac{(8+10)\times a}{2}=9a$

$\Rightarrow$ 梯形 ABCD 面積 $=7a+9a=16a$

又 $\overline{PE}$ 將梯形 ABCD 分成面積相同的兩區域 $\Rightarrow$ 四邊形 PBCE 面積 $=\dfrac{1}{2}\times 16a=8a$

所以 $\triangle EFP=$ 梯形 FBCE $-$ 四邊形 PBCE $=9a-8a=a$

因此 $\triangle EFP$ 與梯形 ABCD 的面積比 $=a：16a=1：16$

故本題答案為(D)

下面我再給同學一個「梯形」觀念的試題。同學可以立即演練看看，測試自己是否已能完全掌握這個數學觀念。

如圖，$\triangle ABD：\triangle BCD$ 的面積比為 $3：7$，$\overline{EF}$ 是梯形 $ABCD$ 的中線，
試求梯形 $AEFD$：梯形 $EBCF$ 的面積比？
(A)$3：4$　(B)$4：7$　(C)$2：3$　(D)$3：7$

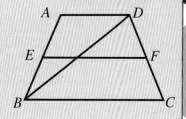

心法解析

因為 $\triangle ABD：\triangle BCD = 3：7$

又 $\overline{AD}$ 邊上的高 $= \overline{BC}$ 邊上的高，

而等高三角形，面積比等於底邊比。

$\Rightarrow \overline{AD}：\overline{BC} = 3：7$

$\Rightarrow \overline{AD}：\overline{EF}：\overline{BC} = 3：\dfrac{3+7}{2}：7 = 3：5：7$

又梯形 $AEFD$ 與梯形 $EBCF$ 高相同，假設高為 h

$\Rightarrow$ 梯形 $AEFD$：梯形 $EBCF = \dfrac{(3+5) \times h}{2}：\dfrac{(5+7) \times h}{2} = 2：3$

故本題答案為(C)

某直角柱的兩底面為全等的梯形,其四個側面的面積依序為 20 平方公分、36 平方公分、20 平方公分、60 平方公分,且此直角柱的高為 4 公分。求此直角柱的體積為多少立方公分?

(A)136　(B)192　(C)240　(D)544

深化觀念

首先,我們必須先具備下面 5 個「立體圖形」的基本觀念。

【1】由兩個平行且全等的底面所構成的立體圖形,稱為柱體。

【2】角柱:上底與下底是全等且平行的多邊形,側面是等高的長方形。

　　(1)直 n 角柱為底面為 n 形,側面為長方形的,側面與上底、下底都互相垂直。

　　(2)包含 $V：2n$ 個頂點,$E：3n$ 個邊(稜),$F：n+2$ 個面。

【3】圓柱:上底與下底是全等且平行的圓形,側面展開為長方形,長為底圓周長。

　　(1)直圓柱為過上下底圓圓心的剖面為長方形,並與上下底圓皆互相垂直。

　　(2)柱體體積＝底面積 × 柱高

【4】直 n 角錐:底面為 n 形,側面為等腰三角形的立體圖形

　　(1)包含 $V：n+1$ 個頂點,$E：2n$ 個邊(稜),$F：n+1$ 個面。

　　(2)椎體體積 $= \dfrac{1}{3}$ 底面積 × 高

【5】Euler 公式:$V - E + F = 2$

心法解析

因為直角柱的高為 4 公分,四個側面為 20、36、20、60 平方公分

所以底面等腰梯形的四個邊長依序為 5、9、5、15 公分

我們作底面等腰梯形如右圖,$\overline{AD} = 9$,$\overline{BC} = 15$,$\overline{AB} = \overline{CD} = 5$,並且作兩高輔助線 $\overline{AE}$,$\overline{DF}$。

$\Rightarrow \overline{BE} = \overline{FC} = \dfrac{15-9}{2} = 3 \Rightarrow$ 由畢氏定理知梯形的高 $\overline{AE} = 4$

所以角柱的體積 $= \dfrac{(9+15) \times 4}{2} \times 4 = 192$

故本題答案為(B)

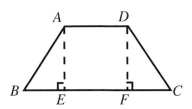

下面我再給同學一個「梯形」觀念的思考題。同學可以立即演練看看,測試自己是否能完全掌握這個數學觀念。

試題 064B

如圖，梯形 $ABCD$ 中，$\overline{AD} /\!/ \overline{BC}$，若 $\overline{AB} = 15$ 公分，$\overline{BC} = 20$ 公分，$\overline{CD} = 13$ 公分，$\overline{AD} = 6$ 公分，則梯形 $ABCD$ 面積為_____公分。

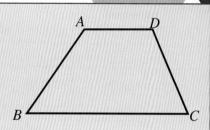

深化觀念

首先，我們必須先具備三角形已知三邊求面積「海龍公式」的觀念。

$\triangle ABC$ 面積 $= \sqrt{s(s-a)(s-b)(s-c)}$ $s = \dfrac{a+b+c}{2}$（半周長）

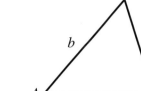

心法解析

因為梯形常作的輔助線有兩種，也因此這個題目我們有兩種解題策略。

第一種想法是作兩高 $\overline{AE}$，$\overline{DF} \Rightarrow \overline{AE} = \overline{DF}$

假設 $\overline{BE} = x$，又 $\overline{EF} = \overline{AD} = 6 \Rightarrow \overline{CF} = 20 - 6 - x = 14 - x$

分別由直角 $\triangle ABE$、$\triangle DCF$ 與畢氏定理可知

$\Rightarrow \overline{AE}^2 = 15^2 - x^2 = \overline{DF}^2 = 13^2 - (14-x)^2$

$\Rightarrow x = 9 \Rightarrow \overline{AE} = \overline{DF} = 12$

因此，梯形 $ABCD$ 面積 $\dfrac{(6+20) \times 12}{2} = 276$

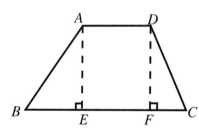

第二種想法是作平行腰的平行線 $\overline{DG}$，使 $ABGD$ 成為平行四邊形。

$\Rightarrow \overline{AB} = \overline{DG} = 15$，$\overline{AD} = \overline{BG} = 6 \Rightarrow \overline{CG} = 20 - 6 = 14$

因為 $\triangle DGC$ 已知三邊長，$s = \dfrac{15 + 14 + 13}{2} = 21$，

由海龍公式可知 $\triangle DGC = \sqrt{21 \times (21-15) \times (21-14) \times (21-13)} = 84$

又 $\triangle DGC = \dfrac{1}{2}\overline{CG} \times \overline{DF} = \dfrac{1}{2} \times 14 \times \overline{DF} = 84 \Rightarrow \overline{DF} = 12$

因此，梯形 $ABCD$ 面積 $\dfrac{(6+20) \times 12}{2} = 276$

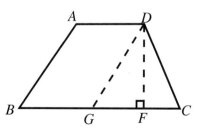

我們若懂得使用海龍公式，第二種想法在計算上會容易的多。

試題 065A

下列各圖皆由相同大小的正方形所構成，請問下咧哪一個選項是正立方體的展開圖？

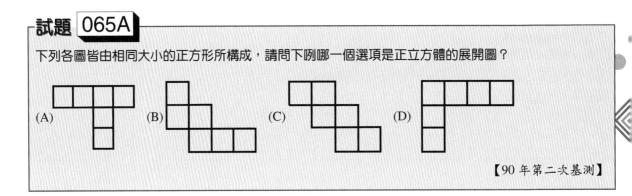

(A) (B) (C) (D)

【90 年第二次基測】

深化觀念

首先，我們必須先具備下面 2 個「立體圖形展開圖」的基本觀念。

【1】正立方體展開圖共有 11 種。

【2】(1)正三角柱　　(2)正四角錐　　(3)直圓柱　　(4)直圓錐

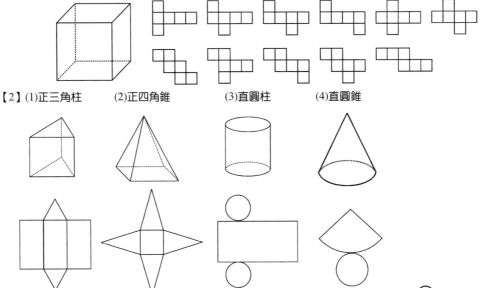

心法解析

當我們對正立方體展開圖的 11 種情況都充分理解，就立刻可以判斷出結果了。
故本題答案為(C)

下面我再給同學一個「立體圖形展開圖」觀念的試題。同學可以立即演練看看，測試自己是否已能完全掌握這個數學觀念。

如圖，A, E, F 都是等腰直角三角形，B, C, D 都是邊長為 1 的正方形，G 為等邊三角形，此圖形可沿著其邊緣折成一個由多邊形作為其表面的多面體，則這個多面體的體積為？

(A) $\frac{1}{2}$　(B) $\frac{2}{3}$　(C) $\frac{3}{4}$　(D) $\frac{5}{6}$

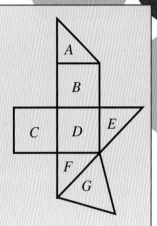

心法解析

這個展開圖和正立方體的展開圖很相似，事實上，當我們將它還原後，會成為一個截角的正立方體。

而截角三角椎的體積 $= \frac{1}{3}$ 底面積 $\times$ 高 $= \frac{1}{3} \times \left(\frac{1}{2} \times 1^2\right) \times 1 = \frac{1}{6}$

因此多面體的體積 $=$ 正立方體 $-$ 截角三角椎 $= 1^3 - \frac{1}{6} = \frac{5}{6}$

故本題答案為(D)

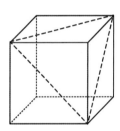

如圖是由 12 張相同的正方形紙板緊密拼成的長方形。若用同樣的正方形紙板，緊密地拼成另一個圖形，則用完下列哪一個數量的紙板，才能拼成與右圖相似的圖形？

(A)49　(B)84　(C)90　(D)108

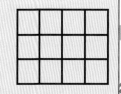

【96 年第二次基測】

深化觀念

首先，我們必須先具備下面 2 個「相似形」的基本觀念。

【1】兩圖形形狀相同，則稱這兩個圖形為相似形。

【2】多邊形相似（邊數 $n \geq 4$）⇔(1)對應角相同　(2)對應邊成比例

心法解析

因為兩多邊形相似則邊長成比例，所以放大後的長方形我們可以假設長 $4n$，寬 $3n$。

而正方形數量＝長方形面積＝$4n \times 3n = 12n^2$

當我們取 $n = 3$ 時，正方形數量＝$12 \times 3^2 = 108$

故本題答案為(D)

下面我給同學一個「相似長方形」觀念的試題。同學可以立即演練看看，測試自己是否已能完全掌握這個數學觀念。

試題 066B

圖(一)為一長方形，其內部分成 12 個大小相同的小正方形，且對角線 L 通過 6 個小正方形（如灰色部分）。如圖(二)，若將 2700 個大小相同的小正方形緊密地排出一個長邊有 60 個小正方形、短邊有 45 個小正方形的長方形後，在此長方形中畫一條對角線，則此線通過幾個小正方形？

(A)60　(B)75　(C)90　(D)105

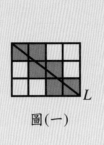

圖(一)

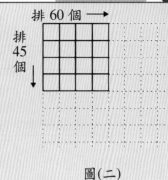

排 60 個 →

排 45 個 ↓

圖(二)

【95 年第一次基測】

深化觀念

這是一個測驗「相似長方形」觀念的試題。

心法解析

雖然同學很輕鬆的就能明白題意，但對於大長方形的對角線能通過幾個小正方形卻仍然一籌莫展。事實上，題目中的圖(一)是個關鍵的提示，我們可以由邊長推知，大小兩長方形為相似形

我們由圖(一)知道，長 4、寬 3 的小長方形，對角線 L 通過 6 個小正方形。

而圖(二)的大長方形，長 60、寬 45 $\Rightarrow$ 長：寬 = 60：45 = 4：3

因此大小兩長方形相似。

因為大長方形是小長方形的 $\dfrac{45}{3} = 15$ 倍放大。

所以大長方形的對角線通過 $15 \times 6 = 90$ 個小正方形。

故本題答案為(C)

如圖，梯形 $ABCD$ 中，$\overline{AD} \mathbin{/\mkern-5mu/} \overline{BC}$，$E$、$F$ 兩點分別在 $\overline{AB}$、$\overline{DC}$ 上。若 $\overline{AE}$ $=4$，$\overline{EB}=6$，$\overline{DF}=2$，$\overline{FC}=3$，且梯形 $AEFD$ 與梯形 $EBCF$ 相似，則 $\overline{AD}$ 與 $\overline{BC}$ 的長度比為何？

(A)$1:2$　(B)$2:3$　(C)$2:5$　(D)$4:9$

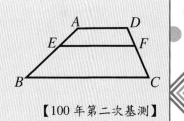

【100 年第二次基測】

深化觀念

這是一個測驗「相似梯形」觀念的試題。

心法解析

因為梯形 $AEFD \sim$ 梯形 $EBCF$，所以對應邊比相同。

$\Rightarrow \overline{AD} : \overline{EF} = \overline{DF} : \overline{FC} = 2:3$，且 $\overline{EF} : \overline{BC} = \overline{DF} : \overline{FC} = 2:3$

我們不妨假設 $\overline{AD} = 2r$，$\overline{EF} = 3r$

$\Rightarrow \overline{EF} : \overline{BC} = 3r : \overline{BC} = 2:3 \Rightarrow \overline{BC} = \dfrac{9r}{2}$

$\Rightarrow \overline{AD} : \overline{BC} = 2r : \dfrac{9r}{2} = 4:9$

故本題答案為(D)

國中數學滿分心法：引爆中學生數學能力的奧義

下面我再給同學一個「相似梯形」觀念的試題。同學可以立即演練看看，測試自己是否已能完全掌握這個數學觀念。

梯形 $ACDF$ 中，$\overline{AF}$ // $\overline{BE}$ // $\overline{CD}$，若 $\overline{AF}:\overline{BE}:\overline{CD}=5:8:13$，

則 $\overline{AB}:\overline{BC}$ 比值 = ?

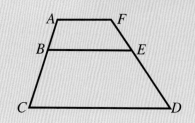

深化觀念

首先，我們必須先具備下面「相似形」的基本觀念。

平行線 ⇔ 截等比例線段

心法解析

面對梯形，我們先作平行腰的平行線 $\overline{AG}$，使 $AGDF$ 成為平行四邊形。

因為 $\overline{AF}:\overline{BE}:\overline{CD}=5:8:13$

$\Rightarrow \overline{BH}:\overline{CG}=(8-5):(13-5)=3:8$

又 $\overline{BE}$ // $\overline{CD}$ $\Rightarrow \triangle ABH \sim \triangle ACG$

$\Rightarrow \overline{AB}:\overline{AC}=\overline{BH}:\overline{CG}=3:8$

因此 $\overline{AB}:\overline{BC}=3:(8-3)=3:5=\dfrac{3}{5}$

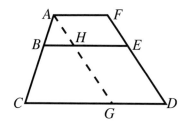

試題 068A

如圖，將一個大三角形剪成一個小三角形及一個梯形。若梯形上、下底的長分別為 6、14，兩腰長為 12、16，則下列哪一選項中的數據表示此小三角形的三邊長？

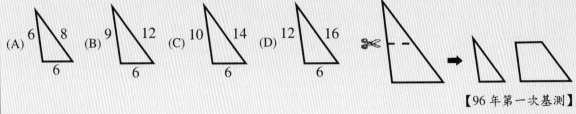

(A) 6 8 6
(B) 9 12 6
(C) 10 14 6
(D) 12 16 6

深化觀念

首先，我們必須先具備下面 3 個「相似三角形判別」的基本觀念。

【1】AA (A)相似：對應角相同。

【2】SSS 相似：對應邊成比例。

【3】SAS 相似：兩夾邊成比例，夾角相同。

心法解析

面對梯形，我們先作平行腰的平行線 $\overline{CF} /\!/ \overline{BD}$，使 $BDFC$ 成為平行四邊形。

$\Rightarrow \overline{CF} = \overline{BD} = 12$，$\overline{CE} = 16$，$\overline{FE} = 14 - 6 = 8$

又 $\triangle ABC \sim \triangle CFE$，$\overline{BC} = 6$

$\Rightarrow \overline{AB} : \overline{BC} : \overline{CA} = \overline{CF} : \overline{FE} : \overline{EC} = 12 : 8 : 16 = 9 : 6 : 12$

故本題答案為(B)

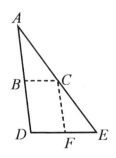

 下面我給同學一個「相似形三角形」觀念的試題。同學可以立即演練看看，測試自己是否已能完全掌握這個數學觀念。

1
3
8

國中數學滿分心法：引爆中學生數學能力的奧義

試題 068B

如圖，ABCD 是一塊長方形紙板，長 $\overline{BC} = 90$ 公分，PQRS 為邊長 30 公分的正方形。阿群想沿 $\overline{BP}$、$\overline{CS}$ 方向剪出一個三角形，則此紙板的寬 $\overline{AB}$ 最少要有多少公分？

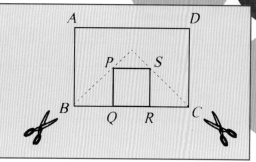

深化觀念

首先，我們必須先具備底下「光源投射相似形」的基本觀念。

若 $\triangle ABC \sim \triangle A'B'C' \Leftrightarrow \overline{OA} : \overline{OA'} = \overline{OB} : \overline{OB'} = \overline{OC} : \overline{OC'} = \overline{AB} : \overline{A'B'} = \overline{BC} : \overline{B'C'} = \overline{CA} : \overline{C'A'}$

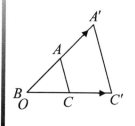 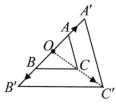 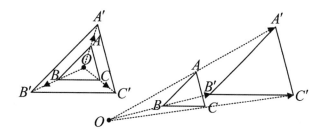

心法解析

在 $\triangle EBC$ 中，我們先作 $\overline{BC}$ 上的高 $\overline{EG}$，由下圖可知，寬 $\overline{AB}$ 最少要等於 $\overline{EG}$。

假設 $\overline{EG} = x$ 公分，因為正方形 PQRS 邊長 30 公分 $\Rightarrow \overline{PS} = \overline{FG} = 30$

$\Rightarrow \overline{EF} = \overline{EG} - \overline{FG} = x - 30$ 公分

又 $\triangle EPS \sim \triangle EBC \Rightarrow$ 高比＝邊比

$\Rightarrow \dfrac{\overline{EF}}{\overline{EG}} = \dfrac{\overline{PS}}{\overline{BC}} = \dfrac{x-30}{x} = \dfrac{30}{90} \Rightarrow x = 45$

故寬 $\overline{AB}$ 最少要有 45 公分

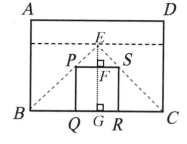

如圖，表示甲、乙、丙三個三角形，每個三角形的內角均為 55°、60°、65°。若 $\overline{AB}=\overline{DE}=\overline{GH}$，則甲、乙、丙周長的關係為何？

(A)甲＝乙＝丙　(B)甲＜乙＜丙　(C)甲＜丙＜乙　(D)丙＜乙＜甲　　　　【99 年第二次基測】

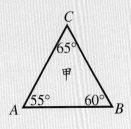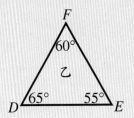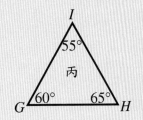

深化觀念

這是一個測驗「相似三角形與三角形邊角關係」觀念的試題。

心法解析

因為三角形 AAA 相似，所以△ABC∼△EFD∼△IGH

由於大角對大邊 ⇒ $\overline{AC}<\overline{AB}=\overline{DE}$

⇒ 甲對應邊＜乙對應邊 ⇒ 甲周長＜乙周長

同理，由於大角對大邊 ⇒ $\overline{DF}<\overline{DE}=\overline{GH}$

⇒ 乙對應邊＜丙對應邊 ⇒ 乙周長＜丙周長

因此，甲周長＜乙周長＜丙周長

故本題答案為(B)

 下面我再給同學一個「相似三角形」觀念的思考題。同學可以立即演練看看，測試自己是否已能完全掌握這個數學觀念。

如圖，$\overline{AE}:\overline{BE}=2:3$，$\overline{AD}\,/\!/\,\overline{CE}$，$\overline{BC}\,/\!/\,\overline{DE}$，若△$ADE$ 的面積為 16，

則四邊形 $BCDE$ 的面積為何？

(A)40　(B)50　(C)60　(D)70

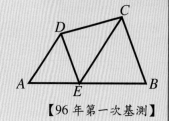

【96 年第一次基測】

深化觀念

首先，我們必須先具備底下「相似多邊形」的基本觀念。

兩多邊形相似 ⇒ 面積比＝(邊長)²比

心法解析

因為 $\overline{AD}\,/\!/\,\overline{CE}$，$\overline{BC}\,/\!/\,\overline{DE}$，

若我們延長 $\overline{AD}$ 與 $\overline{BC}$ 交會在 F 點，則△ADE∼△ECB∼△AFB

⇒ △ADE：△ECB：△AFB = $2^2:3^2:5^2:$ = 4：9：25

⇒ 又 $DECF$ 為平行四邊形 ⇒ △CDE = △DCF

⇒ △ADE：△ECB：△CDE = 4：9：$\dfrac{1}{2}\times(25-4-9)$ = 4：9：6 = 16：36：24

因此，四邊形 $BCDE$ = △ECB + △CDE = 36 + 24 = 60

故本題答案為(C)

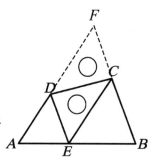

如圖，在△ABC中，$\overline{BC}$ 的中垂線分別與 $\overline{AB}$、$\overline{BC}$ 交於 P、H 兩點。若 $\overline{BP}=9$、$\overline{AP}=3$、$\overline{BC}=6$、$\overline{PH}=6\sqrt{2}$，則△ABC 的面積為何？

(A)27　(B)36　(C)$6\sqrt{2}$　(D)$24\sqrt{2}$

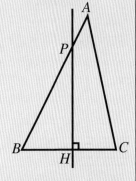

【91 年第二次基測】

深化觀念

這是一個測驗「相似三角形」觀念的試題。

國中數學滿分心法：引爆中學生數學能力的奧義

心法解析

因為我們要求△ABC的面積，所以作高 $\overline{AD}$。

$\Rightarrow \triangle PBH \sim \triangle ABD \Rightarrow \dfrac{\overline{AD}}{\overline{PH}} = \dfrac{\overline{AB}}{\overline{PB}} \Rightarrow \dfrac{\overline{AD}}{6\sqrt{2}} = \dfrac{12}{9} \Rightarrow \overline{AD} = 8\sqrt{2}$

因此△$ABC = \dfrac{1}{2} \times \overline{BC} \times \overline{AD} = \dfrac{1}{2} \times 6 \times 8\sqrt{2} = 24\sqrt{2}$

故本題答案為(D)

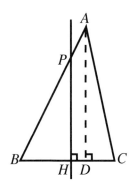

 下面我再給同學一個「相似三角形」觀念的思考題。同學可以立即演練看看，測試自己是否已能完全掌握這個數學觀念。

試題 070B

如圖，$\overline{AB}=100$，$\overline{AC}=100$，$\overline{BC}=120$，P 為 $\overline{AB}$ 的中點，$\overline{PD}\perp\overline{AC}$，
試求 $\overline{PD}=$？

(A)36　(B)48　(C)50　(D)64

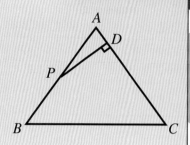

心法解析

當我們面對等腰三角形，經常需要作的輔助線有底邊上的高與腰上的高。

首先，我們作等腰 $\triangle ABC$ 底邊上的高 $\overline{AE}\Rightarrow\overline{BE}=\overline{EC}=\dfrac{1}{2}\overline{BC}=60$

在直角 $\triangle ABE$ 中，$\overline{AB}=100$，$\overline{BE}=60$，由畢氏定理得知 $\overline{AE}=80$

此外，為了求出 $\overline{PD}$，我們作等腰 $\triangle ABC$ 腰上的高 $\overline{BF}$

$\Rightarrow\triangle ABC=\dfrac{1}{2}\times\overline{BC}\times\overline{AE}=\dfrac{1}{2}\times\overline{AC}\times\overline{BF}$

$\Rightarrow\dfrac{1}{2}\times120\times80=\dfrac{1}{2}\times100\times\overline{BF}\Rightarrow\overline{BF}=96$

又 $\triangle APD\sim\triangle ABF\Rightarrow\dfrac{\overline{PD}}{\overline{BF}}=\dfrac{\overline{AP}}{\overline{AB}}\Rightarrow\dfrac{\overline{PD}}{96}=\dfrac{1}{2}\Rightarrow\overline{PD}=48$

故本題答案為(B)

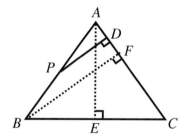

下圖為△ABC與△DEC重疊的情形，其中 E 的 $\overline{BC}$ 上，$\overline{AC}$ 交 $\overline{DF}$ 於 F 點，且 $\overline{AB}//\overline{DE}$。若△ABC與△DEC的面積相等，且 $\overline{EF}=9$，$\overline{AB}=12$，則 $\overline{DF}=$？

(A)3　(B)7　(C)12　(D)15

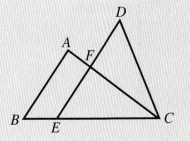

【97 年第一次基測】

深化觀念

這是一個測驗「相似形面積比」觀念的試題。

心法解析

面對這個題目我們必須使用 2 個觀念才能將此題破解。

首先，我們先運用相似形的觀念

因為 $\overline{AB}//\overline{DE}$ ⇒ 同位角∠ABC =∠FEC ⇒ △ABC∼△FEC

兩相似多邊形，其面積比 =(邊長)²比

故△ABC：△FEC = $\overline{AB}^2$: $\overline{FE}^2$ = 12^2 : 9^2 = 16 : 9

其次，因為△ABC與△DEC的面積相等

⇒ △ABC：△FEC = △DEC：△FEC = 16 : 9

又△DFC = △DEC − △FEC ⇒ △DFC：△FEC = 7 : 9

而△DFC、△FEC為等高三角形 ⇒ 面積比 =底邊比

因此△DFC：△FEC = 7 : 9 = $\overline{DF}$: $\overline{FE}$

又 $\overline{EF}=9$ ⇒ $\overline{DF}=7$

故本題答案為(B)

這是一個相當靈活的相似形題型，

我們必須純熟運用相似形的觀念才能輕鬆的破解此題。

 下面我再給同學一個「相似形面積比」觀念的思考題。同學可以立即演練看看，測試自己是否已能完全掌握這個數學觀念。

試題 071B

若 $\triangle ADE$ 面積為 2，$\triangle BEC$ 面積為 5，且 $\overline{DE} /\!/ \overline{BC}$，
則 $\triangle DBE$ 的面積為何？

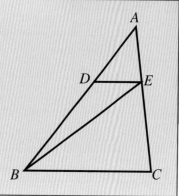

心法解析

如同上面的題目，這也是一個相當靈活的相似形題型，我們一樣必須使用 2 個觀念才能將此題破解。

首先，我們先運用相似形的觀念

因為 $\overline{DE} /\!/ \overline{BC}$ ⇒ 平行線截等比例線段

⇒ $\overline{AD} : \overline{DB} = \overline{AE} : \overline{EC}$

其次，$\triangle ADE$、$\triangle BDE$ 為等高三角形 ⇒ 面積比 = 底邊比

⇒ $\triangle ADE : \triangle DBE = \overline{AD} : \overline{DB}$

同理，$\triangle ABE$、$\triangle CBE$ 為等高三角形 ⇒ 面積比 = 底邊比

⇒ $\triangle ABE : \triangle CBE = \overline{AE} : \overline{EC}$

故 $\triangle ADE : \triangle DBE = \triangle ABE : \triangle CBE$

設 $\triangle DBE = x$

⇒ $2 : x = (2+x) : 5$ ⇒ $x \times (2+x) = 2 \times 5$

⇒ $x^2 + 2x - 10 = 0$ ⇒ $x = -1 \pm \sqrt{11}$

因此，我們取 $\triangle DBE = -1 + \sqrt{11}$

試題 072A

如圖，△ASH 為直角三角形，其中∠$A = 90°$，L 為 $\overline{SH}$ 的中垂線，交 $\overline{AH}$ 於 R 點。若 $\overline{AS} = 3$，$\overline{SH} = 5$，則 $\overline{RH} = ?$

(A)1.5　(B)2　(C)$\dfrac{25}{8}$　(D)2.5

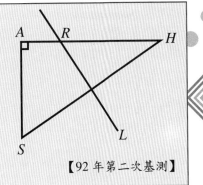

【92 年第二次基測】

深化觀念

這是一個測驗「中垂線與相似形」觀念的試題。

心法解析

當我們看到直角三角形問題時，常用想法是「畢氏定理」與「相似形」。因此我們會有下面兩種不同的解題想法。

【想法 1】

因為 L 為 $\overline{SH}$ 的中垂線，自然會想到中垂線上 R 點到 $\overline{SH}$ 兩端點等距。

因此連接 $\overline{SR}$ 且假設 $\overline{SR} = \overline{RH} = x$

在直角△ASH 中，$\overline{AS} = 3$，$\overline{SH} = 5$，由畢氏定理得知 $\overline{AH} = 4$

在直角△ARS 中，$\overline{AS} = 3$，$\overline{SR} = x$，$\overline{AR} = 4 - x$

由畢氏定理得知 $x^2 = 3^2 + (4 - x)^2 \Rightarrow \overline{RH} = x = \dfrac{25}{8}$

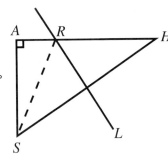

【想法 2】

因為△$ASH \sim$ △$BRH \Rightarrow \dfrac{\overline{RH}}{\overline{SH}} = \dfrac{\overline{BH}}{\overline{AH}}$

$\Rightarrow \dfrac{\overline{RH}}{5} = \dfrac{\frac{5}{2}}{4} \Rightarrow \overline{RH} = \dfrac{25}{8}$

故本題答案為(C)

事實上，我們可以發現，使用相似形的想法處理，計算上會較為簡單。

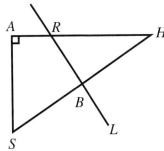

 下面我給同學一個「摺疊與相似形」觀念的思考題。同學可以立即演練看看，測試自己是否已能完全掌握這個數學觀念。

如圖，直角 $\triangle ABC$ 中，$\overline{BC}=9$，$\overline{AC}=10$，在 $\overline{AB}$ 邊上取一點 D，$\overline{AC}$ 邊上取一點 E，使 $\overline{AD}=\overline{AE}$，且沿著 $\overline{DE}$ 摺疊，使 A 點恰巧在 $\overline{BC}$ 邊上的 F 點，則 $\overline{BD}=$?

(A)$\dfrac{9}{4}$ (B)$\dfrac{5}{2}$ (C)$\dfrac{7}{4}$ (D)$\dfrac{10}{3}$

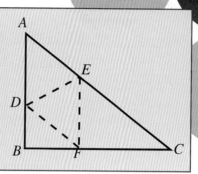

心法解析

當我們看到直角三角形問題時，常用想法是「畢氏定理」與「相似形」。

在直角 $\triangle ABC$ 中，$\overline{BC}=8$，$\overline{AC}=10$，由畢氏定理可得 $\overline{AB}=6$。

當我們看到摺疊圖形，立刻可以找到一組全等圖形 $\triangle ADE \cong \triangle FDE$

$\Rightarrow \overline{AD}=\overline{DF}$，$\overline{AE}=\overline{EF}$

又 $\overline{AD}=\overline{AE}$ $\Rightarrow$ 四邊形 $ADFE$ 的四邊等長為菱形。

$\Rightarrow \overline{AE}\,/\!/\,\overline{DF}$ $\Rightarrow \triangle ABC \sim \triangle DBF$

我們假設 $\overline{BD}=x$ $\Rightarrow \overline{DF}=\overline{AD}=6-x$

$\Rightarrow \dfrac{\overline{BD}}{\overline{AB}}=\dfrac{\overline{DF}}{\overline{AC}} \Rightarrow \dfrac{x}{6}=\dfrac{6-x}{10} \Rightarrow x=\dfrac{9}{4}$

故本題答案為(A)

如圖(一)，$\triangle ABC$ 為等腰三角形，$\overline{AB}=\overline{AC}=13$，$\overline{BC}=10$

(1)將 $\overline{AB}$ 向 $\overline{AC}$ 方向摺過去，使得 $\overline{AB}$ 與 $\overline{AC}$ 重合，出現摺線 $\overline{AD}$，如圖(二)。

(2)將 $\overline{CD}$ 向 $\overline{AC}$ 方向摺過去，如圖(三)，使得 $\overline{CD}$ 完全疊合在 $\overline{AC}$，出現摺線 $\overline{CE}$，如圖(四)。

則 $\triangle AEC$ 的面積為何？

(A)15　(B)$\dfrac{65}{4}$　(C)20　(D)$\dfrac{65}{3}$

【90 年第一次基測】

圖(一)　　圖(二)　　圖(三)　　圖(四)

深化觀念

這是一個測驗「直角三角形與相似形」觀念的試題。

心法解析

當我們看到直角三角形問題時，常用想法是「畢氏定理」與「相似形」。

第一次摺疊，使直角 $\triangle ABD \cong \triangle ACD \Rightarrow \overline{CD}=\dfrac{1}{2}\times 10=5 \Rightarrow$ 由畢氏定理知 $\overline{AD}=12$

第二次摺疊，使直角 $\triangle CDE \cong \triangle CD'E \Rightarrow \overline{DE}=\overline{D'E}$，$\overline{CD'}=\overline{CD}=5$

假設 $\overline{DE}=\overline{D'E}=x \Rightarrow \overline{AE}=12-x$，$\overline{AD'}=13-5=8$

【法 1】若用畢氏定理 $\triangle AED'$ 中，$\overline{AE}^2=\overline{AD'}^2+\overline{ED'}^2 \Rightarrow (12-x)^2=8^2+x^2$

【法 2】若用相似形 $\triangle AED' \sim \triangle ACD \Rightarrow \dfrac{\overline{D'E}}{\overline{CD}}=\dfrac{\overline{AD'}}{\overline{AD}} \Rightarrow \dfrac{x}{5}=\dfrac{8}{12} \Rightarrow x=\dfrac{10}{3} \Rightarrow \triangle AEC=\dfrac{1}{2}\times 13\times \dfrac{10}{3}=\dfrac{65}{3}$

【法 3】因為第二次摺疊 $\triangle CDE \cong \triangle CD'E \Rightarrow \angle DCE=\angle D'CE$

$\overline{CE}$ 為 $\angle C$ 的角平分線 $\Rightarrow \overline{EA}:\overline{ED}=\overline{CA}:\overline{CD}=13:5$

又等高三角形，面積比＝底邊比 $\Rightarrow \triangle ACE:\triangle CDE=\overline{EA}:\overline{ED}=13:5$

$\Rightarrow \triangle ACD=\dfrac{1}{2}\times 5\times 12=30 \Rightarrow \triangle ACE=\dfrac{13}{18}\triangle ACD=\dfrac{13}{18}\times 30=\dfrac{65}{3}$

故本題答案為(D)

通常同學使用方法 1 或方法 2，就已經可以輕鬆的破解此題了。

下面我再給同學一個「直角三角形與相似形」觀念的試題。同學可以立即演練看看，測試自己是否已能完全掌握這個數學觀念。

試題 073B

如圖，矩形 $ABCD$ 中，$\overline{AB}=7$ 公分，$\overline{BC}=25$ 公分，今將其摺疊，使其頂點 D 點落在 $\overline{BC}$ 上之一點 F，則 $\overline{EF}=?$

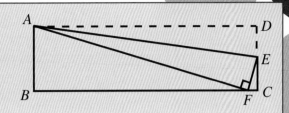

深化觀念

首先，我們先補充下面 2 個「內外角平分線」的基本觀念。

【1】內角平分線：$\angle A$ 內角平分線交 $\overline{BC}$ 於 P $\Rightarrow$ $\overline{AB}:\overline{AC}=\overline{PB}:\overline{PC}$

【2】外角平分線：$\angle A$ 外角平分線交 $\overline{BC}$ 延長線於 P $\Rightarrow$ $\overline{AB}:\overline{AC}=\overline{PB}:\overline{PC}$

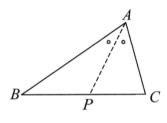
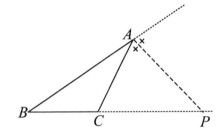

心法解析

當我們看到直角三角形問題時，常用想法是「畢氏定理」與「相似形」。

而看到摺疊圖形，我們立刻可以找到一組全等圖形。

$\Rightarrow$ 直角 $\triangle ADE \cong$ 直角 $\triangle AFE$ $\Rightarrow$ $\overline{AD}=\overline{AF}=25$，$\overline{DE}=\overline{EF}$，

在直角 $\triangle ABF$ 中，$\overline{AF}=25$，$\overline{AB}=7$，根據畢氏定理 $\overline{BF}=24$

假設 $\overline{DE}=\overline{EF}=x$ $\Rightarrow$ $\overline{EC}=7-x$，$\overline{CF}=25-24=1$

【法1】若運用畢氏定理，在 $\triangle ECF$ 中，$\overline{EF}^2=\overline{EC}^2+\overline{CF}^2$

$\Rightarrow x^2=(7-x)^2+1^2 \Rightarrow x=\dfrac{25}{7} \Rightarrow \overline{EF}=\dfrac{25}{7}$

【法2】若運用相似形，因為 $\triangle ABF \sim \triangle FCE$ $\Rightarrow$ $\dfrac{\overline{EF}}{\overline{AF}}=\dfrac{\overline{CF}}{\overline{AB}}$

$\Rightarrow \dfrac{x}{25}=\dfrac{1}{7} \Rightarrow x=\dfrac{25}{7} \Rightarrow \overline{EF}=\dfrac{25}{7}$

試題 074A

如圖，圓弧上有五個點 A、B、C、M、N。比較 $\angle MAN$、$\angle MBN$、$\angle MCN$ 的大小關係，下敘述何者正確？

(A) $\angle MAN = \angle MBN = \angle MCN$　(B) $\angle MBN > \angle MCN > \angle MAN$

(C) $\angle MAN > \angle MCN > \angle MBN$　(D) $\angle MAN = \angle MCN < \angle MBN$

【93 年第一次基測】

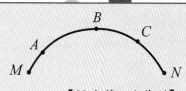

深化觀念

首先，我們必須先具備下面 7 個「圓」的基本觀念。

【1】圓：平面上與一定點等距的點所形成的圖形稱為圓。

　　(1)此定點為圓心 O。(2)此固定距稱為半徑 r。

【2】弦：圓上兩點連線稱為弦。

　　(1)最長弦為直徑。(2)直徑將圓分為兩半圓。

【3】弧：弦將圓分為兩弧。

　　(1)小於半圓的稱為劣弧。(2)大於半圓的稱為優弧。

【4】弓形：一弦與一弧所成圖形。

【5】扇形：兩半徑與夾弧所成的圖形。

【6】圓心角：$\angle AOB = $ 弧 $\overset{\frown}{AB} = \theta$。

【7】圓周角：$\angle ACB = \dfrac{1}{2}\overset{\frown}{AB} = \dfrac{1}{2}\angle AOB$。（二弦交於圓周上所形成的角）

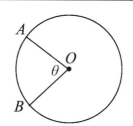

心法解析

當我們看到弧或是扇形，一個不完整的圓形時，常常無法思考，不知道如何下手。

這時將它還原回圓形就非常重要了。

在我們將它還原成為圓形後，再依題意連接 $\overline{AM}$、$\overline{AN}$、$\overline{BM}$、$\overline{BN}$、$\overline{CM}$、$\overline{CN}$，我們立刻可以看出 $\angle MAN$, $\angle MBN$, $\angle MCN$ 為優弧 $\overset{\frown}{MN}$ 所對的圓周角

根據圓周角性質 $\angle MAN = \angle MBN = \angle MCN = \dfrac{1}{2}\overset{\frown}{MN}$

故本題答案為(A)

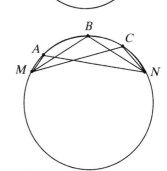

下面我給同學一個「圓周角」觀念的試題。同學可以立即演練看看，測試自己是否已能完全掌握這個數學觀念。

如圖，ABC 為一扇形，D 為 $\overparen{BC}$ 上的其中一點，已知 $\angle BAC = 80°$，則 $\angle BDC = ?$
(A)100°　(B)120°　(C)140°　(D)160°

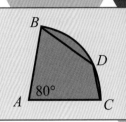

心法解析

同學往往看到扇形，一個不完整的圓形時，不知道如何下手。

事實上，當我們看到弧或是扇形，一個不完整的圓形時，可以先將它還原回圓形。

此時，立刻就可以看出 $\angle BDC$ 為優弧 $\overparen{BC}$ 的圓周角。

而優弧 $\overparen{BC}$ 大小為圓心角 $= 360° - \angle BAC = 360° - 80° = 280°$

再根據圓周角性質 $\angle BDC = \dfrac{1}{2}\overparen{BC} = \dfrac{1}{2} \times 280° = 140°$

故本題答案為(C)

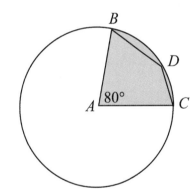

如圖，四邊形 $ABCD$ 為一菱形，M、N 兩點在 $\overline{AC}$ 上，且 $\overline{AC}$ $=20$，$\overline{BD}=10$，$\overline{MN}=18$。若在菱形的四邊上找一點 O，使得 $\angle MON$ 為直角，則滿足上述條件的 O 點共有幾個？

(A)2　(B)4　(C)6　(D)8

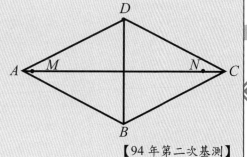

【94 年第二次基測】

深化觀念

首先，我們必須先具備下面 2 個「圓」的基本觀念。

【1】直徑所對的圓周角必為直角。

【2】直角所對的弦必為直徑。

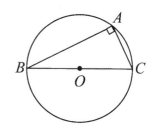

心法解析

「直徑所對的圓周角為直角」是基測考試中經常測驗的觀念。

本題中，要在菱形的四邊上找一點 O，使得 $\angle MON$ 為直角同學經常會在菱形的邊上，隨意找點與 M, N 連接，想設法湊出答案，但是這樣找出來點的個數是無法肯定正確的。

事實上，我們可以運用直徑所對的圓周角為直角的觀念，以 $\overline{MN}$ 為直徑畫出圓形的輔助線，觀察圓與菱形的交點個數有 4 個。

如下圖，我們連接其中一個交點與 M, N 就可以產生直角了。因此本題答案有 4 個點。

故本題答案為(B)

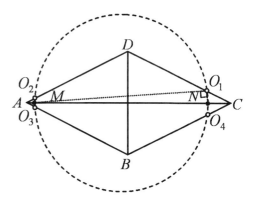

 下面我給同學一個「直徑所對的圓周角為直角」觀念的思考題。同學可以立即演練看看，測試自己是否已能完全掌握這個數學觀念。

試題 075B

如圖，已知 $P_1 \cdot P_2 \cdot P_3 \cdot P_4 \cdot P_5$ 將直徑為 3 的半圓 $\overset{\frown}{AB}$ 分成六等分，則

$\overline{AP_1}^2 + \overline{AP_2}^2 + \overline{AP_3}^2 + \overline{AP_4}^2 + \overline{AP_5}^2 = ?$

(A)9　(B)18　(C)$\dfrac{45}{2}$　(D)$\dfrac{75}{2}$

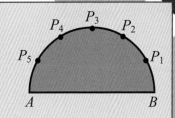

深化觀念

首先，我們必須先具備下面 2 個「圓」的基本觀念。

【1】等弧對等弦：$\overset{\frown}{AB} = \overset{\frown}{CD} \Leftrightarrow \overline{AB} = \overline{CD}$

【2】平行弦截等弧：$\overline{AB} \parallel \overline{CD} \Leftrightarrow \overset{\frown}{AC} = \overset{\frown}{BD}$

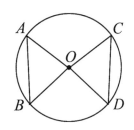
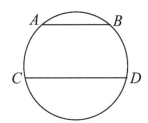

心法解析

我們先連接 $P_1 \cdot P_2 \cdot P_3 \cdot P_4 \cdot P_5$ 與直徑兩端點 A, B

因為直徑所對的圓周角為直角，我們可以得到 5 個直角三角形。

又因等弧對等弦

所以 $\overline{AP_1}^2 + \overline{AP_2}^2 + \overline{AP_3}^2 + \overline{AP_4}^2 + \overline{AP_5}^2 = \overline{BP_5}^2 + \overline{BP_4}^2 + \overline{BP_3}^2 + \overline{BP_2}^2 + \overline{BP_1}^2$

我們將對稱的兩式相加，根據畢氏定理可得到 5 個斜邊 $\overline{AB}^2$

$$
\begin{array}{l}
\overline{AP_1}^2 + \overline{AP_2}^2 + \overline{AP_3}^2 + \overline{AP_4}^2 + \overline{AP_5}^2 \\
+)\overline{BP_1}^2 + \overline{BP_2}^2 + \overline{BP_3}^2 + \overline{BP_4}^2 + \overline{BP_5}^2 \\
\hline
\overline{AB}^2 + \overline{AB}^2 + \overline{AB}^2 + \overline{AB}^2 + \overline{AB}^2
\end{array}
$$

$\Rightarrow 2(\overline{AP_1}^2 + \overline{AP_2}^2 + \overline{AP_3}^2 + \overline{AP_4}^2 + \overline{AP_5}^2) = 5\overline{AB}^2 = 5 \times 3^2 = 45$

$\Rightarrow \overline{AP_1}^2 + \overline{AP_2}^2 + \overline{AP_3}^2 + \overline{AP_4}^2 + \overline{AP_5}^2 = \dfrac{45}{2}$

故本題答案為(C)

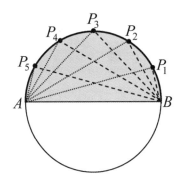

如圖，圓上有 A、B、C 三點，直線 L 與圓相切於 A，$\overline{CD}$ 為 $\angle ACB$ 的角平分線，且與 L 交於 D 點。若 $\overparen{AB}=80°$，$\overparen{BC}=60°$，則 $\angle ADC=$？

(A)80°　(B)85°　(C)90°　(D)95°

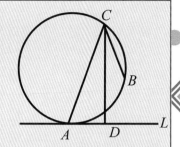

深化觀念

首先，我們必須先具備下面 2 個「圓」的基本觀念。

【1】一切線與過切點的弦所形成的角，稱為弦切角。

【2】弦切角：$\angle BAC=\dfrac{1}{2}\overparen{AB}$

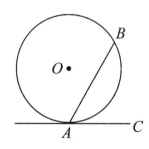

心法解析

本題想求 $\angle ADC$，我們先設法求出 $\angle CAD$ 與 $\angle ACD$

因為 $\angle CAD$ 為弦 $\overline{AC}$ 與切線 L 所形成的弦切角。

所以 $\angle CAD=\dfrac{1}{2}\overparen{ABC}=\dfrac{1}{2}(\overparen{AB}+\overparen{BC})=\dfrac{1}{2}(80°+60°)=70°$

又 $\angle ACB=\dfrac{1}{2}\overparen{AB}=40° \Rightarrow \angle ACD=\dfrac{1}{2}\angle ACB=\dfrac{1}{2}\times 40°=20°$

因此 $\angle ADC=180°-\angle CAD-\angle ACD=90°$

故本題答案為(C)

下面我再給同學一個「圓周角與弦切角」觀念的思考題。同學可以立即演練看看，測試自己是否已能完全掌握這個數學觀念。

如圖，直線 AD、CD 分別切圓於 B、C 兩點，已知 $\angle A$ $=30°$，$\angle D=40°$，則 $\angle ABE$ 等於多少度？

(A)30 度　(B)40 度　(C)50 度　(D)55 度

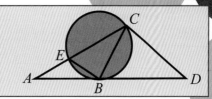

深化觀念

首先，我們必須先具備下面 2 個「圓內外角與圓內外冪」的基本觀念。

【1】圓內外角：

(1)圓內角：$\angle APC=\dfrac{1}{2}(\overset{\frown}{AC}+\overset{\frown}{BD})$　　　　(2)圓外角：$\angle APC=\dfrac{1}{2}(\overset{\frown}{AC}-\overset{\frown}{BD})$

$\angle APE=\dfrac{1}{2}(\overset{\frown}{AE}-\overset{\frown}{BE})$

$\angle EPF=\dfrac{1}{2}(\overset{\frown}{EAF}-\overset{\frown}{EBF})$

【2】圓內外冪：

(1)圓內冪：$\overline{PA}\times\overline{PB}=\overline{PC}\times\overline{PD}$　　　　(2)圓外冪：$\overline{PA}\times\overline{PB}=\overline{PC}\times\overline{PD}=\overline{PE}^2$

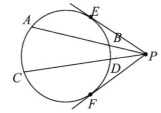

心法解析

因為直線 AD、CD 分別切圓於 B、C 兩點

所以 $\overline{DB}=\overline{DC}\Rightarrow\triangle DBC$ 為等腰三角形

$\Rightarrow\angle CBD=\dfrac{1}{2}(180°-\angle D)=70°$

本題想求 $\angle ABE$ 為弦 $\overline{EB}$ 與切線 $\overline{AB}$ 所形成的弦切角。

$\Rightarrow\angle ABE=\dfrac{1}{2}\overset{\frown}{BE}=\angle BCE$ 圓周角

在 $\triangle ABC$ 中，根據外角定理 $\Rightarrow\angle A+\angle BCE=\angle CBD$

$\Rightarrow 30°+\angle BCE=70°\Rightarrow\angle BCE=40°$

故本題答案為(B)

試題 077A

圖為正十二邊形，其頂點依序為 A_1，A_2，$\cdots$，A_{12}。若連接 $\overline{A_3 A_7}$、$\overline{A_7 A_{10}}$，則 $\angle A_3 A_7 A_{10} = ？$

(A)45°　(B)60°　(C)75°　(D)90°

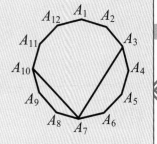

【98 年第二次基測】

深化觀念

這是一個測驗「圓形輔助線」觀念的試題。

心法解析

在日常生活中，我們很少會接觸到正 12 邊形，唯一的機會就是牆上的時鐘，手上的手錶，我們再將 12 個刻度連接後就可以形成正 12 邊形。

現在我們見到題目中的正 12 邊形，不妨逆向思考，為它繪製一個外接圓形輔助線。

此時我們立刻可以發現，$\angle A_3 A_7 A_{10}$ 為一圓周角，

其對應的 $\overset{\frown}{A_{10} A_3} = 360° \times \dfrac{5}{12} = 150°$

根據圓周角性質 $\angle A_3 A_7 A_{10} = \dfrac{1}{2} \overset{\frown}{A_{10} A_3} = \dfrac{1}{2} \times 150° = 75°$

故本題答案為(C)

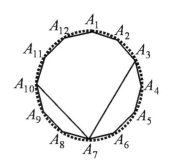

 下面我再給同學一個「圓形輔助線」觀念的思考題。同學可以立即演練看看，測試自己是否已能完全掌握這個數學觀念。

試題 077B

如圖，$ABDE$ 為正方形，$\angle CAB = 35°$，$\angle CBA = 55°$，試求 $\angle OCB = ?$

(A)35°　(B)45°　(C)55°　(D)60°

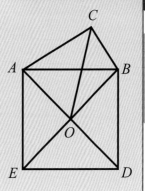

深化觀念

首先，我們必須先具備下面 2 個「圓」的基本觀念。

【1】圓內接四邊形 ⇔ 對角互補。

【2】四邊形 $ABCD$ 內接於圓內 ⇔ $\angle A + \angle C = 180°$，$\angle B + \angle D = 180°$

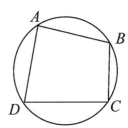

心法解析

要破解這個問題，首先我們需要下面關於「圓」的基本性質。

順向想法：圓內接四邊形 ⇒ 對角互補。

逆向思考：看到對角互補四邊形 ⇒ 可作一個外接圓輔助線包圍它。

因為 $\angle C = 180° - \angle CAB - \angle CBA = 180° - 35° - 55° = 90°$

且正方形 $ABDE$ 對角線互相垂直平分 ⇒ $\angle AOB = 90°$

因此 $\angle C + \angle AOB = 180°$，四邊形 $ACBO$ 可作一個外接圓輔助線包圍它，又因為直徑所對的圓周角為直角，所以 $\overline{AB}$ 恰為此圓的直徑。

此時我們可以輕易的就看出，圓周角 $\angle OCB = \frac{1}{2}\overparen{BO} = \angle BAO = 45°$

故本題答案為(B)

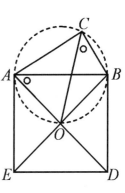

試題 078A

如圖，圓上有 A、B、C、D 四點，其中 $\angle BAD = 80°$。若 $\overarc{ABC}$、$\overarc{ADC}$ 的長度分別為 7π、11π，則 $\overarc{BAD}$ 的長度為何？

(A)4π　(B)8π　(C)10π　(D)15π

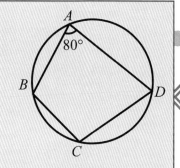

【98 年第一次基測】

深化觀念

首先，我們必須先具備下面 2 個「圓」的基本觀念。

【1】圓周長與面積：

(1)圓周長 $= 2\pi r$　(2)圓面積 $= \pi r^2$ 或 $r^2\pi$

【2】弧長與扇形面積：

(1)弧長 $\overarc{AB} = 2\pi r \times \dfrac{\theta}{360°}$　(2)扇形 OAB 面積 $= \pi r^2 \times \dfrac{\theta}{360°} = \dfrac{1}{2}$ 弧長 $\overarc{AB} \times r$

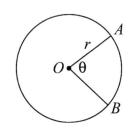

心法解析

由於 $\overarc{ABC}$ 長 7π，$\overarc{ADC}$ 長 11π $\Rightarrow$ 圓周長 $= 7\pi + 11\pi = 18\pi$

又計算 $\overarc{BAD}$ 長必須知道圓心角 $360° - \angle BOD = \overarc{BAD}$

$\Rightarrow \angle A = \dfrac{1}{2}\overarc{BCD} = \dfrac{1}{2}\angle BOD \Rightarrow \angle BOD = 2\angle A = 160°$

$\Rightarrow 360° - \angle BOD = \overarc{BAD} = 200°$

因此，弧長 $\overarc{BAD} = 18\pi \times \dfrac{200°}{360°} = 10\pi$

故本題答案為(C)

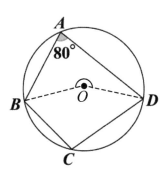

下面我給同學一個「圓弧角度」觀念的思考題。同學可以立即演練看看，測試自己是否已能完全掌握這個數學觀念。

試題 078B

有一圓與正五邊形 $ABCDE$ 相交，且 $\overline{BC}$ 切圓於 B 點，$\overline{ED}$ 切圓於於 E 點，
則劣弧 $\overparen{BE}$ 的大小為？
(A)$144°$　(B)$108°$　(C)$72°$　(D)$120°$

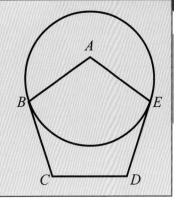

心法解析

當我們看到圓與切線，要立刻想到連接切點與圓心，產生垂直於切線的半徑。

很多同學看到這個題目常會誤以為圓心是 A 點。

事實上，題目並沒有標示出圓心，我們得自己標定圓心 O 點後，連接 $\overline{OB}$ 與 $\overline{OE}$。

因為正五邊形的一個內角 $108° \Rightarrow \angle ABO = \angle AEO = 108° - 90° = 18°$，

在鏢形 $ABOE$ 中，$\angle BOE = \angle A + \angle ABO + \angle AEO = 108° + 18° + 18° = 144°$

而劣弧 $\overparen{BE}$ 的角度大小 $= \angle BOE \Rightarrow \overparen{BE} = 144°$

故本題答案為(A)

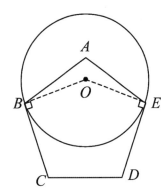

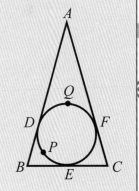

如圖，△ABC 的內切圓分別切 $\overline{AB}$、$\overline{BC}$、$\overline{AC}$ 於 D、E、F 三點，其中 P、Q 兩點分別在 DE、DF 上。若 ∠A＝30°，∠B＝80°，∠C＝70°，則 DPE 弧長與 DQF 弧長的比值為何？

(A)$\dfrac{2}{3}$　(B)$\dfrac{8}{7}$　(C)$\dfrac{4}{3}$　(D)$\dfrac{8}{3}$

【96 年第一次基測】

深化觀念

這是一個測驗「內切圓」觀念的試題。

心法解析

當我們看到圓與切線，要立刻想到連接切點與圓心，產生垂直於切線的半徑。

又因為四邊形的內角和為 360°

$\Rightarrow \angle DIF = 180° - \angle A = 180° - 30° = 150°$

$\Rightarrow \angle DIE = 180° - \angle B = 180° - 80° = 100°$

$\Rightarrow \dfrac{\overparen{DPE}}{\overparen{DQF}} = \dfrac{2\pi r \times \dfrac{100°}{360°}}{2\pi r \times \dfrac{150°}{360°}} = \dfrac{100°}{150°} = \dfrac{2}{3}$

故本題答案為(A)

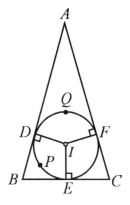

 下面我再給同學一個「內切圓」觀念的思考題。同學可以立即演練看看，測試自己是否已能完全掌握這個數學觀念。

試題 079B

如圖，$\triangle ABC$ 中，$\angle A = 30°$，$\angle B = 90°$，$\angle C = 60°$，圓 O 內切 $\triangle ABC$ 於 D、E、F 三點，則 $\angle DEF = ?$

(A)30°　(B)45°　(C)60°　(D)75°

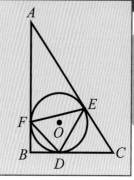

心法解析

當我們看到圓與切線，要立刻想到連接切點與圓心，產生垂直於切線的半徑。

又因為四邊形的內角和為 360°

$\Rightarrow \angle FOD = 180° - \angle B = 180° - 90° = 90°$

因此，圓周角 $\angle DEF = \dfrac{1}{2}\overset{\frown}{FD} = \dfrac{1}{2}\angle FOD = \dfrac{1}{2} \times 90° = 45°$

故本題答案為(B)

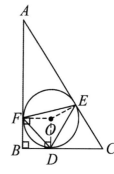

如圖，有一個邊長為 6 公分的正方形 $ABCD$，在此正方形的兩邊上放置兩個邊長為 6 公分的正三角形（$\triangle ADE$ 與 $\triangle FDC$）。請問當 $\triangle ADE$ 以 D 為圓心順時針旋轉至與 $\triangle FDC$ 完全重合時，E 點所經過的路線長為多少？

(A)7π　(B)9π　(C)12　(D)18

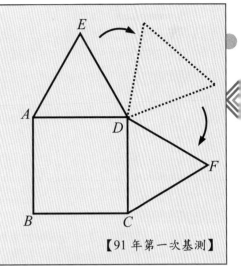

【91 年第一次基測】

深化觀念

這是一個測驗「圖形旋轉求弧長」觀念的試題。

心法解析

我們以 D 為圓心，$\overline{ED}$ 為半徑順時針旋轉，E 點所經過的路線長為弧長 $\overparen{EFC}$。

我們要計算弧長 $\overparen{EFC}$ 必須先知道半徑與圓心角，

半徑 $\overline{ED}$ 為 6 公分，

圓心角 $\angle EDC = 360° - 60° - 90° = 210°$

故弧長 $\overparen{EFC} = 2\pi \times 6 \times \dfrac{210°}{360°} = 7\pi$

故本題答案為(A)

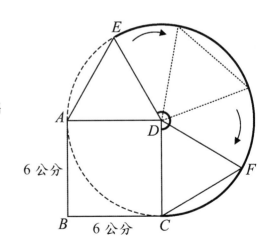

下面我再給同學一個「圖形旋轉求弧長」觀念的思考題。同學可以立即演練看看，測試自己是否已能完全掌握這個數學觀念。

試題 080B

將邊長 3 公分的正三角形 ABC，由左向右沿一直線滾動，最後與 $\triangle DEF$ 重合，試問圖中 B 點所經過的路線長為多少公分？

(A)2π　(B)3π　(C)4π　(D)6π。

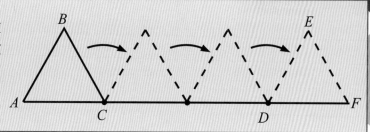

心法解析

第一次滾動，以 C 為圓心，$\overline{BC}$ 為半徑，B 點轉至 M 點 $\Rightarrow$ B 點軌跡為 $\overparen{BM}$

第二次滾動，以 M 為圓心，$\overline{CM}$ 為半徑，B 點停留在 M 點。

第三次滾動，以 D 為圓心，$\overline{MD}$ 為半徑，B 點（M 點）轉至 E 點 $\Rightarrow$ B 點軌跡為 $\overparen{ME}$

所以 B 點所經過的路線長為 $\overparen{BM} + \overparen{ME} = 2\overparen{BM}$。

而半徑 $\overline{BC}$ 為 3 公分，圓心角 $\angle BCM = 120°$，

因此，B 點經過的路線長 $2\overparen{BM} = 2 \times 2\pi \times 3 \times \dfrac{120°}{360°} = 4\pi$

故本題答案為(C)

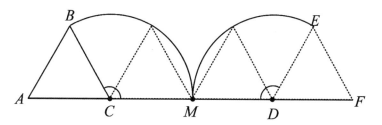

如圖(一)，扇形 AOB 中，$\overline{OA}=10$，$\angle AOB=36°$。若固定 B 點，將此扇形依順時針方向旋轉，得一新扇形 $A'O'B$，其中 A 點在 $\overline{O'B}$ 上，如圖(二)所示，則 O 點旋轉至 O' 點所經過的軌跡長度為何？

(A)π　(B)2π　(C)3π　(D)4π

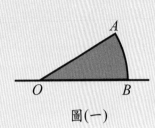

圖(一)

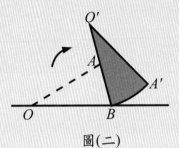

圖(二)

【99 年第一次基測】

深化觀念

這是一個測驗「圖形旋轉求弧長」觀念的試題。

心法解析

我們以 B 為圓心，$\overline{BO}$ 為半徑順時針旋轉，

O 點旋轉至 O' 點的軌跡長為 $\overset{\frown}{OO'}$。

我們要計算弧長 $\overset{\frown}{OO'}$，必須先知道半徑與圓心角，

半徑 $\overline{BO}$ 為 10 公分，圓心角 $\angle OBO'=\dfrac{1}{2}(180°-36°)=72°$。

因此，弧長 $\overset{\frown}{OO'}=2\pi \times 10 \times \dfrac{72°}{360°}=4\pi$

故本題答案為(D)

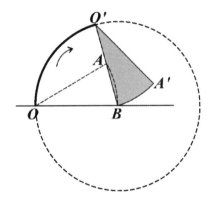

 下面我給同學一個「圖形旋轉求角度」觀念的思考題。同學可以立即演練看看，測試自己是否已能完全掌握這個數學觀念。

國中數學滿分心法：引爆中學生數學能力的奧義

如圖，將△ABC以C為中心點逆時針旋轉30°，得到△A'B'C，

若$\overline{AB} // \overline{B'C}$，試求∠BB'A'＝？

(A)30°　(B)45°　(C)60°　(D)70°

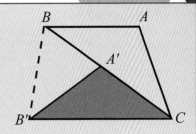

心法解析

面對旋轉圖形問題，同學常常找不到重點。事實上，旋轉圖形問題，我們一定要先確認旋轉中心，旋轉半徑以及旋轉的角度。

因為△ABC以C為中心點逆時針旋轉30°，得到△A'B'C，

所以△ABC ≅ △A'B'C ⇒ ∠A'CB' = ∠ACB = 30°

又$\overline{AB} // \overline{B'C}$，根據同側內角互補 ⇒ ∠A = 180° − 60° = 120° ⇒ ∠B'A'C = 120°，

而∠A'B'C = 180° − ∠A' − ∠A'CB' = 30°

最後，因為$\overline{BC}$以C為圓心，逆轉至$\overline{B'C}$

所以$\overline{BC} = \overline{B'C}$ ⇒ △CBB'為等腰三角形

⇒ ∠BB'C = $\frac{1}{2}$(180° − 30°) = 75°

故∠BB'A' = ∠BB'C − ∠A'B'C = 75° − 30° = 45°

故本題答案為(B)

右圖，為扇形 DOF 與直角 $\triangle ABC$ 的重疊情形，其中 O、D、F 分別在 $\overline{AB}$、$\overline{OB}$、$\overline{AC}$ 上，且 $\overparen{DF}$ 與 $\overline{BC}$ 相切於 E 點。若 $\overline{OF}=3$，$\angle DOF=\angle ACB=90°$，且 $\overparen{DE}:\overparen{EF}=2:1$，則 $\overline{AB}$ 的長度為何？

(A)6　(B)$3\sqrt{3}$　(C)$6+\sqrt{3}$　(D)$3+2\sqrt{3}$

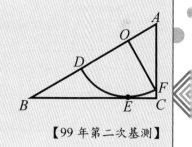

【99 年第二次基測】

深化觀念

這是一個測驗「圓與特殊直角三角形」觀念的試題。

心法解析

因為 O 為圓心，所以半徑 $\overline{OE}=\overline{OF}=3$

又 $\angle DOF=\angle ACB=90°$，且 $\overparen{DE}:\overparen{EF}=2:1$

因此，圓心角 $\angle DOF:\angle FOE=2:1 \Rightarrow \angle DOE=60°$，$\angle FOE=30°$

在直角 $\triangle OBE$ 中，$\angle DOE=60°$

$\Rightarrow \overline{OE}:\overline{OB}:\overline{BE}=1:2:\sqrt{3}$，又 $\overline{OE}=3 \Rightarrow \overline{OB}=6$

在直角 $\triangle AOF$ 中，內錯角 $\angle AFO=\angle FOE=30°$

$\Rightarrow \overline{AO}:\overline{AF}:\overline{OF}=1:2:\sqrt{3}$，又 $\overline{OF}=3 \Rightarrow \overline{AO}=\dfrac{3}{\sqrt{3}}=\sqrt{3}$

因此，$\overline{AB}=\overline{OB}+\overline{AO}=6+\sqrt{3}$

故本題答案為(C)

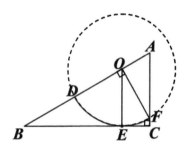

下面我給同學一個「圓與特殊直角三角形」觀念的思考題。同學可以立即演練看看，測試自己是否已能完全掌握這個數學觀念。

試題 082B

兩條公路 L 及 M，如果筆直延伸將交會於 C 處成 $60°$ 夾角，如下圖所示。為銜接此二公路，規劃在兩公路各距 C 處 450 公尺的 A、B 兩點間開拓成圓形型公路，使 L、M 分別在 A、B 與此圓弧相切，則此圓弧長為多少公尺？

(A)$100\sqrt{3}\pi$ (B)150π (C)$450\sqrt{3}\pi$ (D)100π

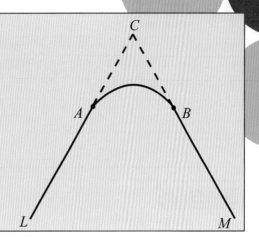

深化觀念

首先，我們必須先具備下面 3 個「點與圓的關係」的基本觀念。

【1】點在圓外：$\overline{OP} > r$ 【2】點在圓上：$\overline{OP} = r$ 【3】點在圓內：$\overline{OP} < r$

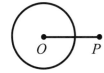

心法解析

要破解這個問題，首先我們需要具備下面 3 個關於「圓」的基本想法。

想法 1：看到不完整的圓弧 ⇒ 將它畫成完美的圓。

想法 2：看到圓與切線 ⇒ 連接切點與圓心，產生垂直於切線的半徑。

想法 3：看到圓與圓外點 ⇒ 連接圓外點與圓心，產生圓外角的平分線。

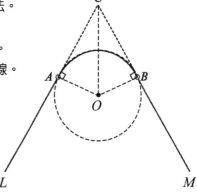

因此，在直角 $\triangle OAC$ 中，$\angle ACO = 30°$，$\angle AOC = 60°$

$\Rightarrow \overline{OA} : \overline{OC} : \overline{AC} = 1 : 2 : \sqrt{3}$，又 $\overline{AC} = 450$ 公尺

$\Rightarrow \overline{OA} = \dfrac{450}{\sqrt{3}} = 150\sqrt{3}$ 公尺

又 $\angle AOB = 2\angle AOC = 120°$

所以弧長 $\overparen{AB} = 2\pi \times 150\sqrt{3} \times \dfrac{120°}{360°} = 100\sqrt{3}\pi$

故本題答案為(A)

試題 083A

如圖，長方形 $ABCD$ 中，以 A 為圓心，$\overline{AD}$ 長為半徑畫弧，交 $\overline{AB}$ 於 E 點。取 $\overline{BC}$ 的中點為 F，過 F 作一直線與 $\overline{AB}$ 平行，且交 $\overarc{DE}$ 於 G 點。求 $\angle AGF = $？

(A)110°　(B)120°　(C)135°　(D)150°

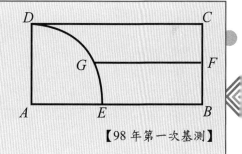

【98 年第一次基測】

深化觀念

這是一個測驗「圓與特殊直角三角形」觀念的試題。

心法解析

本題我們必須使用 2 個觀念才能將它破解。

首先，我們先運用圓的觀念，連接圓上 G 點與圓心 A，產生輔助線半徑 $\overline{GA}$，再將延長 $\overline{FG}$，交 $\overline{AD}$ 於中點 H。

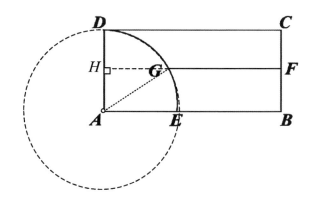

其次，因為直角 $\triangle AGH$ 中，

$\overline{AG} : \overline{AH} = \overline{AD} : \overline{AH} = 2 : 1$

運用畢氏定理可知 $\overline{AG} : \overline{AH} : \overline{HG} = 2 : 1 : \sqrt{3}$

故 $\angle HGA = 30°$，$\angle HAG = 60°$

$\Rightarrow \angle AGF = 180° - 30° = 150°$

故本題答案為(D)

下面我再給同學一個「圖與特殊直角三角形」觀念的思考題。同學可以立即演練看看，測試自己是否已能完全掌握這個數學觀念。

如圖，設 O 為正方形 $ABCD$ 內部一點，以 O 為圓心，12 為半徑畫圓，交 $\overline{AB}$ 於 E 點，交 $\overline{AD}$ 於 F 點。已知 O 點至 $\overline{AB}$、$\overline{AD}$ 的距離均為 $6\sqrt{3}$，試求弧長 $\overparen{EF}=$？

(A)10π　(B)11π　(C)12π　(D)14π

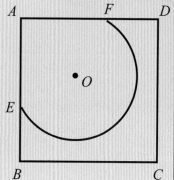

心法解析

本題我們必須使用 2 個觀念才能將它破解。

首先，我們先運用圓的觀念，連接輔助線半徑 $\overline{OE}=\overline{OF}=12$

再作 $\overline{OG}\perp\overline{AB}$，$\overline{OH}\perp\overline{AD}$，$\overline{OG}=\overline{OH}=6\sqrt{3}$。

其次，因為直角 $\triangle OGE$、$\triangle OHF$ 中，

運用畢氏定理可知 $\overline{EG}=6$、$\overline{HF}=6$

$\Rightarrow \overline{OE}:\overline{GE}:\overline{OG}=\overline{OF}:\overline{HF}:\overline{OH}=2:1:\sqrt{3}$

故 $\angle EOG=\angle FOH=30°$

$\Rightarrow \angle EOF=360°-90°-30°-30°=210°$

故弧長 $\overparen{EF}=2\pi\times 12\times\dfrac{210°}{360°}=14\pi$

故本題答案為(D)

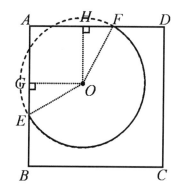

圖(一)表示一個時鐘的鐘面垂直固定於水平桌面上，其中分針上有一點 A，且當鐘面顯示 3 點 30 分時，分針垂直於桌面，A 點距桌面的高度為 10 公分。如圖(二)，若此鐘面顯示 3 點 45 分時，A 點距桌面的高度為 16 公分，則鐘面顯示 3 點 50 分時，A 點距桌面的高度為多少公分？

(A)$22-3\sqrt{3}$　(B)$16+\pi$　(C)18　(D)19

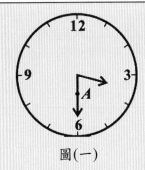
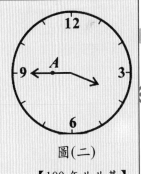

圖(一)　　　　　　圖(二)

【100 年北北基】

深化觀念

這是一個測驗「圓與特殊直角三角形」觀念的試題。

心法解析

因為 A 點移動的軌跡為一個圓，且其半徑 $=16-10=6$

又 3 點 45 分～3 點 50 分 $\Rightarrow$ 5 分鐘共轉了 $360°\times\dfrac{5}{60}=30°$

在直角 $\triangle OAB$ 中，$\angle AOB=30°$

$\Rightarrow \overline{AB}:\overline{OA}:\overline{OB}=1:2:\sqrt{3}$，又 $\overline{OA}=6 \Rightarrow \overline{AB}=\dfrac{1}{2}\overline{OA}=3$

因此，A 點距桌面的高度為 $=16+3=19$

故本題答案為(D)

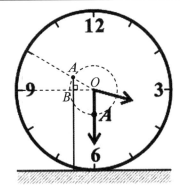

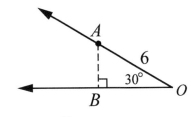

下面我給同學一個「圓與特殊直角三角形」觀念的思考題。同學可以立即演練看看，測試自己是否已能完全掌握這個數學觀念。

遊樂場中,一座半徑為 20 公尺的摩天輪,每分鐘會旋轉一圈,若阿群與女朋友乘坐摩天輪,目前摩天輪旋轉至最低點,離地面高度 2 公尺,則幾秒鐘後,他們會離地面高度 12 公尺?

(A)5 秒　(B)6 秒　(C)7.5 秒　(D)10 秒

心法解析

我們先將題意繪製成簡單的圖形如下,

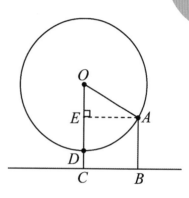

半徑 $\overline{OD} = \overline{OA} = 20$,$\overline{CD} = 2$,$\overline{OC} = 20 + 2 = 22$,$\overline{AB} = 12$

在梯形 $OCBA$ 中,作高 $\overline{AE} \perp \overline{OE}$

$\Rightarrow \overline{EC} = \overline{AB} = 12 \Rightarrow \overline{OE} = \overline{OC} - \overline{EC} = 22 - 12 = 10$

在直角 $\triangle OAE$ 中,由畢氏定理知 $\overline{AE} = \sqrt{20^2 - 10^2} = 10\sqrt{3}$

$\Rightarrow \overline{OE} : \overline{OA} : \overline{AE} = 10 : 20 : 10\sqrt{3} = 1 : 2 : \sqrt{3} \Rightarrow \angle AOD = 60°$

因此,我們可以得知,摩天輪要旋轉 60° 他們會離地面高度 12 公尺,

又摩天輪 1 分鐘會旋轉一圈 360°

$\Rightarrow$ 所以會花費 60 秒 $\times \dfrac{60°}{360°} = 10$ 秒

故本題答案為(D)

試題 085A

如圖，四邊形 $ABCD$ 為矩形，$\overline{BC}=18$，$\overline{AB}=8\sqrt{3}$，E 點在 $\overline{BC}$ 上，且 $\overline{BE}=6$。以 E 為圓心，12 為半徑畫弧，交 $\overline{AB}$ 於 F，求圖中灰色部分面積為何？

(A)$48\pi+18\sqrt{3}$　(B)$72\pi-18\sqrt{3}$　(C)$120\pi+9\sqrt{3}$　(D)36π

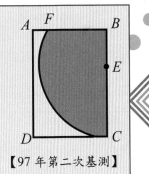

【97 年第二次基測】

深化觀念

這是一個測驗「求扇形面積」觀念的試題。

心法解析

我們先運用圓的觀念，連接圓上 F 點與圓心 E，產生輔助線半徑 $\overline{EF}$。

此時可以看出，灰色部分面積 = 直角 $\triangle FBE$ + 扇形 CEF

在直角 $\triangle BEF$ 中，半徑 $\overline{EF}=12$，$\overline{BE}=6$，運用畢氏定理可知 $\overline{BF}=6\sqrt{3}$

$\Rightarrow \overline{BE}:\overline{EF}:\overline{BF}=2:1:\sqrt{3}$

故 $\angle FEB=60° \Rightarrow \angle FEC=180°-60°=120°$

因此，灰色部分面積 $=\dfrac{1}{2}\times 6\times 6\sqrt{3}+12^2\pi\times\dfrac{120°}{360°}=18\sqrt{3}+48\pi$

故本題答案為(A)

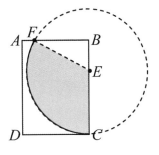

下面我給同學一個「求新月形面積」觀念的思考題。同學可以立即演練看看，測試自己是否已能完全掌握這個數學觀念。

國中數學滿分心法：引爆中學生數學能力的奧義

試題 085B

如圖，一個直徑為 2 的半圓坐落在一個直徑為 4 的半圓上方，則在小半圓內且在大半圓外的陰影區域稱為一個新月形，試問此新月形的面積為何？

(A)$\sqrt{3}-\dfrac{\pi}{6}$　(B)$\sqrt{3}-\dfrac{\pi}{3}$　(C)$\sqrt{3}-\dfrac{\pi}{2}$　(D)$2\sqrt{3}-\pi$。

深化觀念

首先，我們必須先具備下面 2 個「正三角形」的基本觀念。

【1】正三角形三邊等長，三角皆為 $60°$。

【2】正三角形邊長為 a，則(1)高 $=\dfrac{\sqrt{3}}{2}a$　(2)面積 $=\dfrac{\sqrt{3}}{4}a^2$。

心法解析

由題意可知 $\overline{AB}=2$，$\overline{CD}=4$

我們先運用圓的觀念，連接圓上 A, B 點與圓心 O，產生輔助線半徑 $\overline{OA}=\overline{OB}=2$。

因為 $\overline{AB}=\overline{OA}=\overline{OB}=2$，所以 $\triangle OAB$ 為正三角形 $\Rightarrow \angle AOB=60°$

新月形面積 = 小半圓 − 弓形AB

弓形 AB = 扇形 OAB − 正$\triangle OAB=2^2\pi\times\dfrac{60°}{360°}-\dfrac{\sqrt{3}}{4}\times 2^2=\dfrac{2\pi}{3}-\sqrt{3}$

因此，新月形面積 $=1^2\pi\times\dfrac{1}{2}-\left(\dfrac{2\pi}{3}-\sqrt{3}\right)=\sqrt{3}-\dfrac{\pi}{6}$

故本題答案為(A)

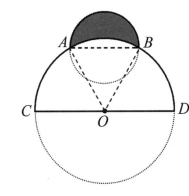

試題 086A

如圖，座標平面上，一圓與方程式 $y=4$ 的直線相切於點 $(-3,4)$，且交 y 軸於 A 點。若 B 點在圓上，且 $\overline{AB}\perp y$ 軸，則 $\overline{AB}=$?

(A)3　(B)4　(C)5　(D)6

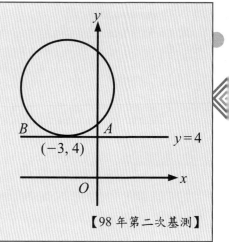

【98 年第二次基測】

深化觀念

首先，我們必須先具備下面 3 個「直線與圓的關係」的基本觀念。

【1】相離：$d(O,L)>r$　【2】相切：$d(O,L)=r$　【3】相割：$d(O,L)<r$

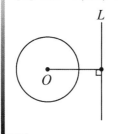 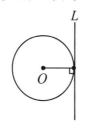 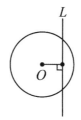

心法解析

當我們看到圓與切線，要立刻想到連接切點與圓心，產生垂直於切線的半徑。

此外我們再連接弦 $\overline{AB}$，發現 $\overline{CM}$ 為弦心距，垂直平分弦 $\overline{AB}$

因為 A、M、$(-3,4)$、$(0,4)$ 會形成一個長方形。

因此 $\overline{AM}=3 \Rightarrow \overline{AB}=2\overline{AM}=6$

故本題答案為(D)

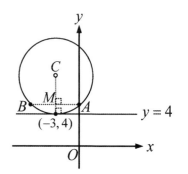

 下面我給同學一個「圓與弦心距」觀念的試題。同學可以立即演練看看，測試自己是否已能完全掌握這個數學觀念。

試題 086B

如圖，圓與 x 軸交於 $A(-6,0)$、$B(-2,0)$ 並與 y 軸相切，若圓心坐標為 (a,b)，則 $b=$ ？

(A)4　(B)3　(C)$3\sqrt{2}$　(D)$\sqrt{12}$

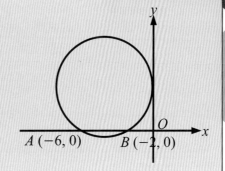

深化觀念

首先，我們必須先具備下面 5 個「弦心距」的基本觀念。

【1】弦心距：圓心到弦的距離為弦心距 $\overline{OM}$。

【2】圓心與弦的中點連線 $\overline{OM}$，必垂直平分弦 $\overline{AB}$。

【3】弦的垂直平分線，必通過圓心。

【4】等弦對等弦心距、等弦心距對等弦。

【5】大弦對小弦心距、小弦對大弦心距。

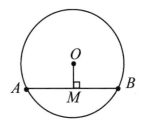

心法解析

要破解這個問題，首先我們需要具備下面 3 個關於「圓」的基本想法。

想法 1：看到圓與圓上點 ⇒ 連接圓上點與圓心，產生半徑。

想法 2：看到圓與切線 ⇒ 連接切點與圓心，產生垂直於切線的半徑。

想法 3：看到圓與弦 ⇒ 連接弦中點與圓心，產生垂直平分弦的弦心距。

因此我們得到下面的圖形。

因為 M 為 $\overline{AB}$ 中點 ⇒ $M(-4,0)$

因為 $CMOD$ 為長方形 ⇒ 半徑 $\overline{CD}=\overline{MO}=4$

在直角 $\triangle AMC$ 中，半徑 $\overline{CA}=4$，$\overline{AM}=2$，

根據畢氏定理 $\overline{CM}=\sqrt{12}=2\sqrt{3}$

⇒ $C(-4,2\sqrt{3})$

故本題答案為(D)

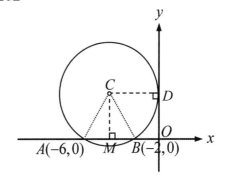

如圖為一拱橋的側面圖，其拱橋下緣呈一弧形，若洞頂為橋洞的最高點，且知當洞頂至水面距離為 90 公分時，量得洞內水面寬為 240 公分。後因久旱不雨，水面位置下降，使得拱橋下緣呈現半圓，這時，橋洞內的水面寬度變為多少公分？

(A)240　(B)250　(C)260　(D)270

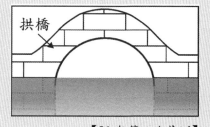

拱橋

【91 年第一次基測】

深化觀念

這是一個測驗「圓與弦長」觀念的試題。

心法解析

要破解這個問題，首先我們需要具備下面 3 個關於「圓」的基本想法。

想法 1：看到不完整的圓弧 ⇒ 將它畫成完美的圓。

想法 2：看到圓與弦 ⇒ 連接弦中點與圓心，產生垂直平分弦的弦心距。

想法 3：看到圓與圓上點 ⇒ 連接圓上點與圓心，產生半徑。

因此我們得到下面的圖形。

設半徑為 r，在直角 $\triangle OAC$ 中，

$\overline{OA} = r$、$\overline{OC} = r - 90$、$\overline{AC} = \frac{1}{2}\overline{AB} = 120$

根據畢氏定理 ⇒ $\overline{OA}^2 = \overline{OC}^2 + \overline{AC}^2$

$\Rightarrow r^2 = (r - 90)^2 + 120^2$

$\Rightarrow r = 125$

因此，直徑 $2r = 250$

故本題答案為(B)

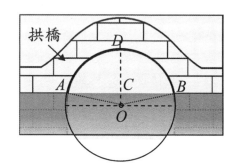

拱橋

 下面我再給同學一個「圓與弦長」觀念的試題。同學可以立即演練看看，測試自己是否已能完全掌握這個數學觀念。

試題 087B

某高樓樓頂上的圓形看板因地震被震落而破碎，僅尋獲一小片弓形如右圖。今想重做一個與原尺寸大小相同的看板，經測量得知 $\overline{AB}=4$m，$\overline{MN}=1$m，M 為 $\overline{AB}$ 中點，且 $\overline{MN}\perp\overline{AB}$，則此圓形看板的半徑長為多少？

(A)3.5m　(B)3m　(C)2.5m　(D)2m

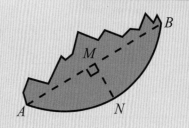

心法解析

要破解這個問題，首先我們需要具備下面 3 個關於「圓」的基本想法。

想法 1：看到不完整的圓弧 ⇒ 將它畫成完美的圓。

想法 2：看到圓與弦 ⇒ 連接弦中點與圓心，產生垂直平分弦的弦心距。

想法 3：看到圓與圓上點 ⇒ 連接圓上點與圓心，產生半徑。

因此我們得到下面的圖形。

設半徑為 r，在直角 $\triangle OAM$ 中，$\overline{OA}=r$、$\overline{OM}=r-1$、$\overline{AM}=\dfrac{1}{2}\overline{AB}=2$

根據畢氏定理 ⇒ $\overline{OA}^2=\overline{OM}^2+\overline{AM}^2$

⇒ $r^2=(r-1)^2+2^2$

因此，半徑 $r=\dfrac{5}{2}=2.5$m

故本題答案為(C)

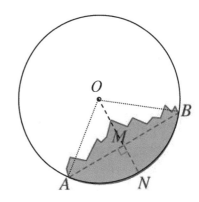

如圖，△ABC 中，$\overline{AB}=3$，$\overline{AC}=4$，$\overline{BC}=5$。若三直線 AB、AC、BC 分別與圓 O 切於 D、E、F 三點，則 $\overline{BE}=$？

(A)6　(B)$\dfrac{25}{3}$　(C)$\sqrt{45}$　(D)$\sqrt{72}$

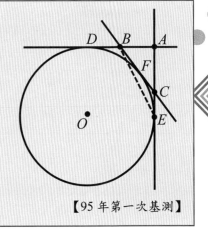

【95 年第一次基測】

深化觀念

首先，我們必須先具備下面 3 個「圓與切線」的基本觀念。

【1】圓外一點對圓作兩切線段等長 ⇒ $\overline{PA}=\overline{PB}$。

【2】圓外一點與圓心連線 $\overline{PO}$ 平分角 $\angle APB$。

【3】直角 $\triangle OPA \cong$ 直角 $\triangle OPB$

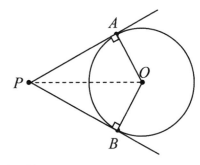

心法解析

要破解這個問題，首先我們要先知道：圓外一點對圓作兩切線，切線段等長。

⇒ $\overline{AD}=\overline{AE}$、$\overline{BD}=\overline{BF}$、$\overline{CF}=\overline{CE}$

設 $\overline{BD}=\overline{BF}=x$，$\overline{CF}=\overline{CE}=y$，$\overline{AD}=x+3$，$\overline{AE}=y+4$

⇒ $\begin{cases} \overline{BC}=x+y=5 \\ x+3=y+4 \end{cases}$ ⇒ $\begin{cases} x=3 \\ y=2 \end{cases}$

又因為 $\overline{AB}=3$，$\overline{AC}=4$，$\overline{BC}=5$ ⇒ △ABC 為直角三角形

⇒ 在直角 △ABE 中，根據畢氏定理 ⇒ $\overline{BE}^2=\overline{AB}^2+\overline{AE}^2$

⇒ $\overline{BE}=\sqrt{3^2+6^2}=\sqrt{45}$

故本題答案為(C)

下面我再給同學一個「圓與切線」觀念的試題。同學可以立即演練看看，測試自己是否已能完全掌握這個數學觀念。

試題 088B

如圖，$\angle A$ 為直角，圓 O 分別與 $\overline{AE}$、$\overline{AD}$ 和 $\overline{BC}$ 相切於 E、D 和 P 點，已知圓 O 的半徑為 10 公分，則 $\triangle ABC$ 的周長 = _____ 公分。

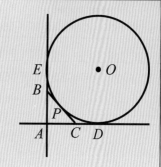

心法解析

要破解這個問題，我們需要具備下面 2 個關於「圓」的基本想法。

想法 1：看到圓與切線 $\Rightarrow$ 連接切點與圓心，產生垂直於切線的半徑。

想法 2：圓外一點對圓作兩切線，切線段等長。

$\Rightarrow \overline{AD} = \overline{AE}$、$\overline{BE} = \overline{BP}$、$\overline{CP} = \overline{CD}$

因為 $AEOD$ 為正方形 $\Rightarrow \overline{AD} = \overline{AE} = 10$

$$\begin{aligned}
\triangle ABC \text{ 的周長} &= \overline{AB} + \overline{BP} + \overline{AC} + \overline{CP} \\
&= \overline{AB} + \overline{BE} + \overline{AC} + \overline{CD} \\
&= \overline{AE} + \overline{AD} = 10 + 10 = 20
\end{aligned}$$

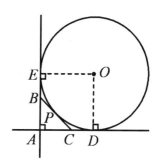

如圖，大、小兩圓內切於 P 點。今甲、乙兩人分別自 P 點出發，甲沿著大圓圓周，走了 $\frac{1}{4}$ 大圓周長到達位置 A；乙沿著小圓圓周，走了 $\frac{1}{2}$ 小圓周長到達位置 B。若兩圓的半徑分別為 8m、5m，則 $\overline{AB}=$ ？

(A)3m　(B)$\sqrt{39}$m　(C)$\sqrt{68}$m　(D)$\sqrt{89}$m

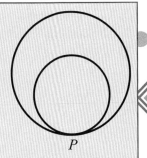

【96 年第二次基測】

深化觀念

首先，我們必須先具備下面 6 個「圓與圓」的基本觀念。

【1】外離：$\overline{O_1O_2}>R+r$　　【2】外切：$\overline{O_1O_2}=R+r$　　【3】相交 2 點：$R-r<\overline{O_1O_2}<R+r$

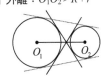

【4】內切：$\overline{O_1O_2}=R-r$　　【5】內離：$\overline{O_1O_2}<R-r$　　【6】同心：$\overline{O_1O_2}=0$

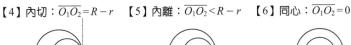

心法解析

破解此題我們需要具備下面 2 個關於「圓」的基本想法。

想法 1：看到很多個圓 ⇒ 連接連心線。

想法 2：看到圓與圓上點 ⇒ 連接圓上點與圓心，產生半徑。

由題目的意思，我們作了下面的圖形分析，

因為 A 在 $\frac{1}{4}$ 圓周的位置，因此我們特別畫了兩條互相垂直的直徑將大圓分四份。

而大半徑 $\overline{O_1A}=8$，小半徑 $\overline{O_2P}=\overline{O_1B}=5 \Rightarrow \overline{O_1O_2}=8-5=3$，$\overline{O_1B}=\overline{O_2B}-\overline{O_1O_2}=5-3=2$

在直角三角形 $\triangle ABO_1$ 中，$\overline{AB}=\sqrt{2^2+8^2}=\sqrt{68}=2\sqrt{17}$

故本題答案為(C)

此外，本題也可以坐標化，設 $P(0,0)$，$A(8,8)$ 或 $A(-8,8)$，$B(0,10)$，就可以簡單求出 $\overline{AB}$

$=\sqrt{(8-0)^2+(8-10)^2}=\sqrt{68}$

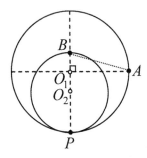

 下面我給同學一個「圓與圓」觀念的試題。同學可以立即演練看看，測試自己是否已能完全掌握這個數學觀念。

如圖，兩圓外切，其連心線長為 13 公分，直線 AB 是外公切線，$\overline{AB}=12$ 公分，且 Q 為切點，則(1)$\overline{PQ}=$ _____ 公分。(2)圓 O_1 半徑 $=$ _____ 公分。

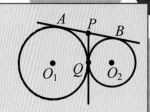

深化觀念

首先，我們必須先具備下面 2 個「公切線」的基本觀念。

【1】公切線：在平面上，若直線 L 同時是兩圓的切線，則 L 稱為兩圓的公切線。

　　(1)外公切線：兩圓在公切線的同側。(2)內公切線：兩圓在公切線的異側。

【2】公切線段長

　　(1)外公切線段長 $\overline{AB}=\sqrt{\overline{O_1O_2}^2-(R-r)^2}$ 　(2)內公切線段長 $\overline{AB}=\sqrt{\overline{O_1O_2}^2-(R+r)^2}$

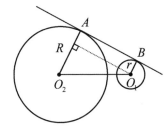 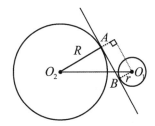

心法解析

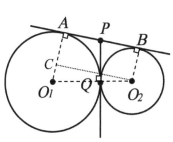

要破解此題我們需要具備下面 3 個關於「圓」的基本想法。

想法 1：看到很多個圓 ⇒ 連接連心線。

想法 2：看到圓與切線 ⇒ 連接切點與圓心，產生垂直於切線的半徑。

想法 3：圓外一點對圓作兩切線段等長。

(1)我們可以知道 $\overline{PA}=\overline{PQ}=\overline{PB}$ ⇒ $\overline{PQ}=\dfrac{1}{2}\overline{AB}=6$

(2)在我們作完輔助線後，可得到梯形 ABO_2O_1。因此我們再作梯形常用的輔助線 $\overline{O_2C}//\overline{AB}$，我們可得到長方形 ABO_2C

⇒ $\overline{CO_2}=\overline{AB}=12$，又 $\overline{O_1O_2}=13$，根據畢氏定理 $\overline{CO_1}=5$，又 $\begin{cases} R+r=\overline{O_1O_2}=13 \\ R-r=\overline{CO_1}=5 \end{cases}$ ⇒ $R=9$，$r=4$，因此圓 O_1 半徑為 9。

下圖有 $\overline{AB}$ 與 $\overline{AC}$ 兩線段。若一圓 O 過 A、B 兩點，且與直線 AC 相切，則下列哪一條直線會通過圓心 O？

(A)∠CAB 的角平分線

(B)$\overline{AC}$ 的中垂線

(C)過 C 點與 $\overline{AC}$ 垂直的直線

(D)過 A 點與 $\overline{AC}$ 垂直的直線

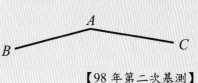

【98 年第二次基測】

深化觀念

這是一個測驗「圓與中垂線、切線」觀念的試題。

心法解析

因為過線段兩端點的圓，其圓心必在中垂線上，半徑為圓心到線段兩端點的距離。

而圓 O 過 $\overline{AB}$ 兩端點 A、B，所以圓心 O 必在 $\overline{AB}$ 的中垂線上。

又因為圓與直線 AC 相切且過 A 點，所以 A 必為切點。

而圓心與切點的連線半徑必垂直於切線，

所以過 A 點與 $\overline{AC}$ 垂直的直線必過圓心 O。

故本題答案為(D)

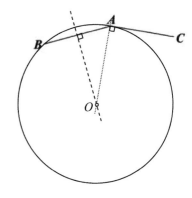

下面我給同學一個「圓與中垂線、角平分線」觀念的試題。同學可以立即演練看看，測試自己是否已能完全掌握這個數學觀念。

試題 090B

如圖，△ABC 中，$\overline{AB} > \overline{BC}$，$\angle ABC > 90°$，作 $\angle ABC$ 的角平分線交圓於 D；作 $\overline{AC}$ 的中垂線交圓於 E，請問 $\widehat{AD}$ 與 $\widehat{AE}$ 的長度大小關係為？

(A)$\widehat{AD} > \widehat{AE}$　(B)$\widehat{AD} = \widehat{AE}$　(C)$\widehat{AD} < \widehat{AE}$　(D)無法比較

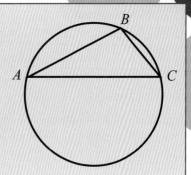

心法解析

若我們作 $\angle ABC$ 的角平分線交圓於 D，$\angle ABD = \angle CBD$

則圓周角 $\angle ABD = \dfrac{1}{2}\widehat{AD}$，圓周角 $\angle CBD = \dfrac{1}{2}\widehat{CD}$

$\Rightarrow \widehat{AD} = \widehat{CD}$

若我們作 $\overline{AC}$ 的中垂線交圓於 E，

中垂線上任一點到線段兩端點等距 $\Rightarrow$ 兩弦 $\overline{AE} = \overline{CE}$，

又等弦對等弧 $\Rightarrow \widehat{AE} = \widehat{CE}$

故 D、E 兩點重合，皆為 $\widehat{AC}$ 中點

$\Rightarrow \widehat{AD} = \widehat{AE}$

故本題答案為(B)

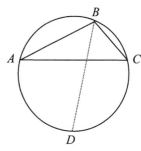

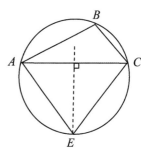

如圖，△ABC 中，∠B = 90°，$\overline{AB} = 21$，$\overline{BC} = 20$。若有一半徑為 10 的圓分別與 $\overline{AB}$、$\overline{BC}$ 相切，則下列何種方法可找到此圓的圓心？

(A)∠B 的角平分線與 $\overline{AC}$ 的交點

(B)$\overline{AB}$ 的中垂線與 $\overline{BC}$ 中垂線的交點

(C)∠B 的角平分線與 $\overline{AB}$ 中垂線的交點

(D)∠B 的角平分線與 $\overline{BC}$ 中垂線的交點

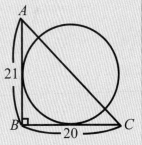

【99 年第二次基測】

深化觀念

這是一個測驗「圓與角平分線」觀念的試題。

心法解析

本題我們運用角平分線性質，與角的兩夾邊相切的圓，其圓心必在角平分線上，半徑則為圓心到兩夾邊的距離，故圓心在∠B 的角平分線上。

又圓心與切點的連線半徑必垂直於切線，

所以過兩切點 D、E 分別作垂直 $\overline{AB}$、$\overline{BC}$ 的直線必過圓心 O。

且半徑 $\overline{OD} = \overline{OE} = 10$，因此 DBEO 為正方形

⇒ $\overline{BE} = 10$，又 $\overline{BC} = 20$，故 E 為 $\overline{BC}$ 中點。

故圓心在 $\overline{BC}$ 中垂線上。

因此，圓心為∠B 的角平分線與 $\overline{BC}$ 中垂線的交點

故本題答案為(D)

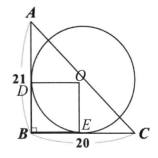

下面我再給同學一個「圓與角平分線」觀念的試題。同學可以立即演練看看，測試自己是否已能完全掌握這個數學觀念。

試題 091B

如圖，$\triangle ABC$ 之面積為 48，且 $\overline{AB}=10$，$\overline{AC}=6$，若作一圓，圓心在 $\overline{BC}$ 邊上且與 $\overline{AB}$、$\overline{AC}$ 兩邊均相切，則此圓半徑為？

(A)5　(B)6　(C)7　(D)8。

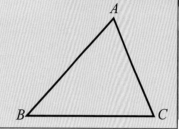

心法解析

本題我們運用角平分線性質，與角的兩夾邊相切的圓，其圓心必在角平分線上，半徑則為圓心到兩邊的距離，故圓心在 $\angle A$ 的角平分線上。

作 $\angle A$ 角平分線交 $\overline{BC}$ 於 O 點，作 $\overline{OD} \perp \overline{AB}$，$\overline{OE} \perp \overline{AC}$

則以 O 為圓心，$\overline{OD}=r$ 為半徑，作圓 O 為題意所求。

因為 $\triangle ABO + \triangle ACO = \triangle ABC$

$\Rightarrow \dfrac{1}{2} \times \overline{AB} \times r + \dfrac{1}{2} \times \overline{AC} \times r = \triangle ABC$

$\Rightarrow \dfrac{1}{2} \times 10 \times r + \dfrac{1}{2} \times 6 \times r = 48$

$\Rightarrow 8r = 48 \Rightarrow r = 6$

故本題答案為(B)

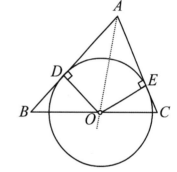

如圖，$\overline{AB}$ 為圓 O 的直徑，在圓 O 上取異於 A、B 的一點 C，並連接 $\overline{BC}$、$\overline{AC}$。若想在 $\overline{AB}$ 上取一點 P，使得 P 與直線 BC 的距離等於 $\overline{AP}$ 長，判斷下列四個作法何者正確？

(A)作 $\overline{AC}$ 的中垂線，交 $\overline{AB}$ 於 P 點

(B)作 $\angle ACB$ 的角平分線，交 $\overline{AB}$ 於 P 點

(C)作 $\angle ABC$ 的角平分線，交 $\overline{AC}$ 於 D 點，過 D 作直線 BC 的平行線，交 $\overline{AB}$ 於 P 點

(D)過 A 作圓 O 的切線，交直線 BC 於 D 點，作 $\angle ADC$ 的角平分線，交 $\overline{AB}$ 於 P 點

【100 年第一次基測】

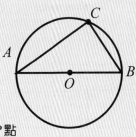

深化觀念

這是一個測驗「圓與角平分線」觀念的試題。

心法解析

因為要求 P 與直線 BC 的距離等於 $\overline{AP}$ 長，而角平分線上一點到角的兩夾邊等距離，所以我們要設法將 $\overline{AP}$ 轉化成 P 到直線的距離。

因此我們過 A 作圓 O 的切線，則 $\overline{AP}$＝點 P 到切線的距離。

我們再延長 $\overline{BC}$ 與切線交於 D，則 P 為 $\angle ADC$ 的角平分線與 $\overline{AB}$ 交點。

故本題答案為(D)

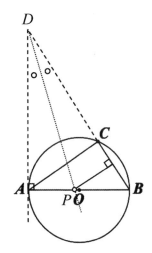

下面我給同學一個「圓與中垂線、角平分線」觀念的試題。同學可以立即演練看看，測試自己是否已能完全掌握這個數學觀念。

給定原點 O 及一點 $P(2, 2)$，則在 x 軸上可找到幾個點 Q，使得 $\triangle POQ$ 為等腰三角形。

(A)2 個　(B)3 個　(C)4 個　(D)6 個

心法解析

我們分三段來討論出 x 軸上的 Q 點

(1)若 $\overline{OP}$ 為等腰三角形底邊

　　⇒ 作 $\overline{OP}$ 中垂線交 x 軸於點 Q_1，得 $\triangle OPQ_1$。

(2)若 $\overline{OP}$ 為等腰三角形一腰，P 為頂角頂點

　　⇒以 P 為圓心，$\overline{OP}$ 為半徑畫圓交 x 軸於點 Q_2，得 $\triangle OPQ_2$。

(3)若 $\overline{OP}$ 為等腰三角形一腰，O 為頂角頂點

　　⇒以 O 為圓心，$\overline{OP}$ 為半徑畫圓交 x 軸於 Q_3、Q_4 兩點，得 $\triangle OPQ_3$、$\triangle OPQ_4$。

共產生 4 個 Q 點。

故本題答案為(C)

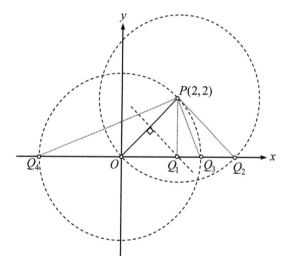

右圖是 10 個相同的正六邊形緊密排列在同一平面上的情形。根據圖中各點的位置，判斷 O 點是下列哪一個三角形的外心？

(A)△ABD　(B)△BCD　(C)△ACD　(D)△ADE

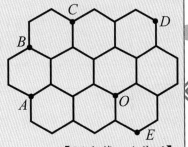

【96 年第二次基測】

深化觀念

首先，我們必須先具備下面 5 個「外心」的基本觀念。

【1】外心：外心為多邊形外接圓圓心，三角形外心為三邊中垂線的交點。

【2】外心性質：外心 O 到三角形三頂點等距 ⇒ $\overline{OA}=\overline{OB}=\overline{OC}$

【3】直角三角形外心在斜邊中點，（外接圓半徑）$R=\dfrac{1}{2}\overline{BC}$（斜邊）

【4】外心求角：(1)∠A 為銳角：$\angle BOC=2\angle A$　(2)∠A 為鈍角：$\angle BOC=360°-2\angle A$

【5】△ABC 面積 $=\dfrac{abc}{4R}$

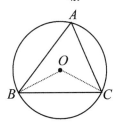 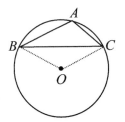 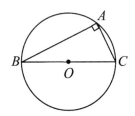

心法解析

由定義可知外心為外接圓圓心。

又由圖形可得知 $\overline{OA}=\overline{OC}=\overline{OD}$

⇒ O 點為△ACD 外心

故本題答案為(C)

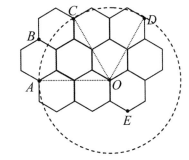

 下面我給同學一個「外心求角」觀念的試題。同學可以立即演練看看，測試自己是否已能完全掌握這個數學觀念。

國中數學滿分心法：引爆中學生數學能力的奧義

在△ABC中，若 $\overline{AB}:\overline{AC}:\overline{BC}=1:1:\sqrt{3}$，且 O 為△ABC之外心，則∠BOC＝？

(A)60°　(B)90°　(C)120°　(D)150°

心法解析

因為等腰三角形△ABC，三邊比 $\overline{AB}:\overline{AC}:\overline{BC}=1:1:\sqrt{3}$。

$\Rightarrow \overline{AH}:\overline{AB}:\overline{BH}=\dfrac{1}{2}:1:\dfrac{\sqrt{3}}{2}=1:2:\sqrt{3}$

$\Rightarrow \angle ABC=\angle ACB=30°$，因此∠BAC＝120°

因為∠BAC為鈍角，所以∠BOC＝360°－2×120°＝120°

故本題答案為(C)

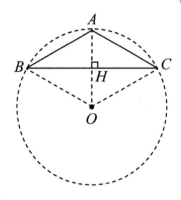

試題 094A

如圖，$\overline{AD}$ 是 △ABC 的中線，H 點在 $\overline{AC}$ 上且 $\overline{BH} \perp \overline{AC}$。若 $\overline{AB} = 12$，$\overline{BC} = 10$，$\overline{AC} = 14$，連接 $\overline{DH}$，則 $\overline{DH} = ?$

(A)4　(B)5　(C)6　(D)7

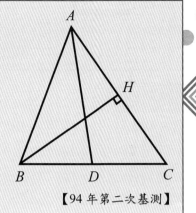

【94 年第二次基測】

深化觀念

這是一個測驗「直角三角形外心」觀念的試題。

心法解析

當同學連接 $\overline{DH}$ 後，經常沒能想到直角三角形的外心位在斜邊中點的觀念。

誤以為 H 點也是 $\overline{AC}$ 中點，而認為 $\overline{DH} = \dfrac{1}{2} \overline{AB} = 6$，這當然是不對的。

事實上，外接圓半徑 $\overline{DH} = \dfrac{1}{2} \overline{BC} = 5$

故本題答案為(B)

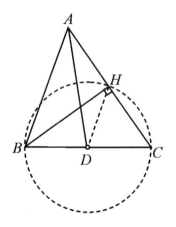

 下面我給同學一個「等腰三角形外心」觀念的試題。同學可以立即演練看看，測試自己是否已能完全掌握這個數學觀念。

若 $A(1, 6)$、$B(-2, 2)$、$C(4, 2)$為坐標平面上三點，P 是 $\triangle ABC$ 的外心，求 P 點坐標。

心法解析

我們先簡單繪圖後，發現 $\triangle ABC$ 為等腰三角形，

兩腰 $\overline{AB} = \sqrt{(1+2)^2 + (6-2)^2} = 5$，$\overline{AC} = \sqrt{(1-4)^2 + (6-2)^2} = 5$

$\Rightarrow$ 高 $\overline{AH}$ 垂直平分底邊 $\overline{BC}$，$H\left(\dfrac{-2+4}{2}, 2\right) = H(1, 2)$，

$\Rightarrow$ 外心 P 在 $\overline{AH}$ 上，且 P 點 x 座標為 1。

在直角 $\triangle ABH$ 中，$\overline{AB} = 5$，$\overline{BH} = 3$，由畢氏定理知 $\overline{AH} = 4$

我們假設外接圓半徑 $\overline{PA} = \overline{PB} = \overline{PC} = R \Rightarrow \overline{PH} = 4 - R$

在直角 $\triangle BPH$ 中，由畢氏定理 $\overline{BP}^2 = \overline{BH}^2 + \overline{PH}^2$

$\Rightarrow R^2 = 3^2 + (4-R)^2 \Rightarrow R = \dfrac{25}{8}$

$\Rightarrow P$ 點 y 座標為 $6 - \dfrac{25}{8} = \dfrac{23}{8}$

$\Rightarrow P\left(1, \dfrac{23}{8}\right)$

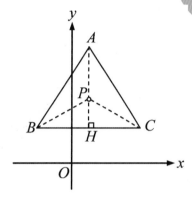

試題 095A

如圖，座標平面上，I 為 $\triangle ABC$ 的內心，其中 $\overline{AB}$ 平行 x 軸，$\angle CAB = 90°$，且 A 的座標 $(2, 1)$。求直線 AI 與 y 軸的交點座標為何？

(A)$(0, -\dfrac{1}{2})$　(B)$(0, -1)$　(C)$(0, -\dfrac{3}{2})$　(D)$(0, -2)$

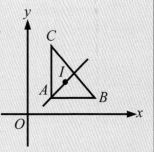

【97 年第二次基測】

深化觀念

首先，我們必須先具備下面 6 個「內心」的基本觀念。

【1】內心：內心為多邊形內切圓心，三角形內心為三角平分線交點。

【2】內心性質：內心 I 到三角形三邊等距。

【3】$\triangle IBC : \triangle ICA : \triangle IAB = a : b : c$

【4】直角三角形內切圓半徑 $= \dfrac{\text{兩股和} - \text{斜邊}}{2} \Rightarrow r = \dfrac{a+b-c}{2}$

【5】內心求角：$\angle BIC = 90° + \dfrac{1}{2}\angle A$

【6】$\triangle ABC$ 面積 $= rs$，$s = \dfrac{a+b+c}{2}$（半周長）

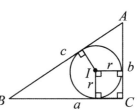

心法解析

因為 I 為 $\triangle ABC$ 的內心，所以 $\overline{IA}$ 為角平分線，平分 $\angle CAB = 90°$

$\Rightarrow \angle IAB = 45°$，延長 $\overline{IA}$ 後，分別交 x、y 軸於 D、E 點

又 $A(2, 1) \Rightarrow \triangle ADH$，$\triangle EDO$ 為兩全等等腰直角三角形

且 $\overline{AH} = \overline{OE} = 1 \Rightarrow E(0, -1)$

故本題答案為(B)

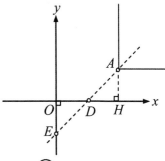

下面我給同學一個「內心求角」觀念的試題。同學可以立即演練看看，測試自己是否已能完全掌握這個數學觀念。

△ABC 中，∠$A=75°$，且線段 $\overline{BP}$、$\overline{BQ}$ 三等分∠B，線段 $\overline{CP}$、$\overline{CQ}$ 三等分∠C，則∠BPQ 的角度為＿＿＿度。

(A)$50°$ (B)$55°$ (C)$60°$ (D)$65°$

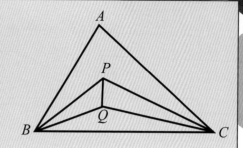

心法解析

因為 $\overline{BQ}$ 為∠PBC 的平分線，$\overline{CQ}$ 為∠PCB 的平分線

所以 Q 為△PBC 內心 ⇒ ∠$BPQ=\dfrac{1}{2}∠BPC$

又∠$A=75°$ ⇒ ∠$B+∠C=180°-75°=105°$

⇒ $\dfrac{2}{3}(∠B+∠C)=70°$ ⇒ 在△PBC 中，∠$BPC=180°-70°=110°$

⇒ ∠$BPQ=\dfrac{1}{2}∠BPC=\dfrac{1}{2}×110°=55°$

故本題答案為(B)

坐標平面上直線 $4x+3y=12$ 交 x 軸於 A 點，交 y 軸於 B 點。若 O 為原點，I 為 $\triangle AOB$ 之內心，則 $\triangle AIB$ 的面積 = ？

(A)2　(B)$\dfrac{5}{2}$　(C)4　(D)5

【90 年第二次基測】

深化觀念

這是一個測驗「直角三角形內心」觀念的試題。

心法解析

我們由 $4x+3y=12$ 得知 $A(3, 0)$，$(0, 4)$，

在直角 $\triangle OAB$ 中，由畢氏定理可得知 $\overline{AB}=5$。

因為內切圓半徑 $r=\dfrac{\overline{OA}+\overline{OB}-\overline{AB}}{2}=\dfrac{3+4-5}{2}=1$，

所以 $\triangle AIB=\dfrac{1}{2}\overline{AB}\times r=\dfrac{1}{2}\times 5\times 1=\dfrac{5}{2}$

故本題答案為(B)

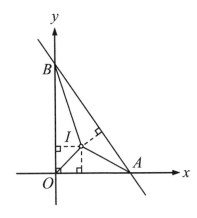

 下面我給同學一個「直角三角形內心」觀念的試題。同學可以立即演練看看，測試自己是否已能完全掌握這個數學觀念。

設 I 為直角 $\triangle ABC$ 的內心，$\angle C = 90°$，若 $\triangle IAB$ 面積：$\triangle IAC$ 面積 $= 13:5$，且其內切圓半徑為 4 公分，則 $\triangle ABC$ 面積為？

(A)240　(B)120　(C)60　(D)30　平方公分。

心法解析

因為 $\triangle IAB : \triangle ICA = c : b = 13 : 5$，由畢氏定理可得知 $a:b:c = 12:5:13$

因此 $\triangle IBC : \triangle ICA : \triangle IAB = a:b:c = 12:5:13$

假設 $a = 12t$，$b = 5t$，$c = 13t$

$\Rightarrow r = \dfrac{a+b-c}{2} = \dfrac{12t+5t-13t}{2} = 4 \Rightarrow t = 2$

$\Rightarrow a = 24$，$b = 10$，$c = 26$

所以 $\triangle ABC = \dfrac{1}{2} \times 24 \times 10 = 120$

故本題答案為(B)

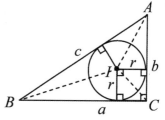

如圖，G 為 $\triangle ABC$ 的重心，M、N 兩點分別在 $\overline{AB}$、$\overline{BC}$ 上，且 $\overline{GM} \perp \overline{AB}$，$\overline{GN}$ $\perp \overline{BC}$。若 $\overline{AB} = 4$，$\overline{BC} = 3$，$\angle B = 90°$，則長方形 $MBNG$ 的面積為何？

(A)2　(B)3　(C)$\dfrac{3}{4}$　(D)$\dfrac{4}{3}$

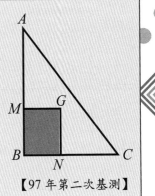

【97 年第二次基測】

深化觀念

首先，我們必須先具備下面 2 個「重心」的基本觀念。

【1】重心：三角形三中線交點為三角形重心。

【2】重心性質：

(1) $\overline{AG} : \overline{GD} = 2 : 1$，$\overline{BG} : \overline{GE} = 2 : 1$，$\overline{CG} : \overline{GF} = 2 : 1$

(2) $\triangle GAF = \triangle GFB = \triangle GBD = \triangle GDC = \triangle GCE = \triangle GEA$

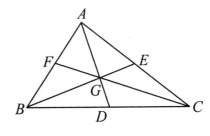

心法解析

當我們看到三角形重心時，我們可以立刻作三中線，切割大三角形為等面積的 6 塊小三角形。

且中線 $\overline{AD}$ 被重心分為兩段 $\overline{AG} : \overline{GD} = 2 : 1 \Rightarrow \overline{AD} : \overline{GD} = 3 : 1$

因為 $\triangle ABD \sim \triangle GND \Rightarrow \dfrac{\overline{GN}}{\overline{AB}} = \dfrac{\overline{GD}}{\overline{AD}} \Rightarrow \dfrac{\overline{GN}}{4} = \dfrac{1}{3} \Rightarrow \overline{GN} = \dfrac{4}{3}$

同理 $\triangle FBC \sim \triangle FMG \Rightarrow \dfrac{\overline{GM}}{\overline{BC}} = \dfrac{\overline{GF}}{\overline{CF}} \Rightarrow \dfrac{\overline{GM}}{3} = \dfrac{1}{3} \Rightarrow \overline{GM} = 1$

所以長方形 $MBNG$ 面積 $= \overline{GN} \times \overline{GM} = \dfrac{4}{3} \times 1 = \dfrac{4}{3}$

故本題答案為(D)

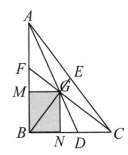

 下面我給同學一個「三角形重心」觀念的試題。同學可以立即演練看看，測試自己是否已能完全掌握這個數學觀念。

如圖，在△ABC中，∠BAC＝90°，$\overline{AB}＝3$，$\overline{AC}＝4$，G為重心，若
$\overline{GH}⊥\overline{BC}$於H，則$\overline{GH}＝$？

(A)$\dfrac{5}{6}$　(B)$\dfrac{2}{3}$　(C)$\dfrac{3}{5}$　(D)$\dfrac{4}{5}$

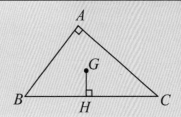

心法解析

當我們看到三角形重心時，我們可以立刻作三中線，切割大三角形為等面積的 6 塊小三角形。當然，我們可以使用上一題比例線段的觀念來解出這個題目，不過我們也可以運用分割面積的觀念來解題。

首先，在直角△ABC中，我們由畢氏定理知$\overline{BC}＝5$

因為△GBC：△ABC＝2：6 ⇒ $\triangle GBC＝\dfrac{1}{3}\triangle ABC＝\dfrac{1}{3}×\left(\dfrac{1}{2}×3×4\right)＝2$

又$\triangle GBC＝\dfrac{1}{2}\overline{BC}×\overline{GH}$ ⇒ $\dfrac{1}{2}×5×\overline{GH}＝2$ ⇒ $\overline{GH}＝\dfrac{4}{5}$

故本題答案為(D)

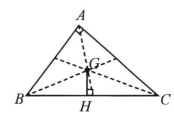

試題 098A

如圖(一)，有兩全等的正三角形 ABC、DEF，且 D、A 分別為△ABC、△DEF 的重心。固定 D 點，將△DEF 逆時針旋轉，使得 A 落在 $\overline{DE}$ 上，如圖(二)所示。求圖(一)與圖(二)中，兩個三角形重疊區域的面積比為何？

(A)2：1　(B)3：2　(C)4：3　(D)5：4

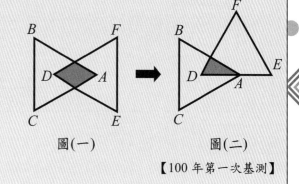

圖(一)　　　　　圖(二)

【100 年第一次基測】

深化觀念

這是一個測驗「三角形重心」觀念的試題。

心法解析

我們能分析這個題目的方式有很多種，但是這些方式中，對兩正三角形作切割會最有效率，也最為快速。

在我們切割兩正三角形後，可以看出左邊的面積是 $\frac{2}{9}\triangle ABC$，右邊的是 $\frac{1}{6}\triangle ABC$

因此，面積比 $=\frac{2}{9}：\frac{1}{6}=4：3$

故本題答案為(C)

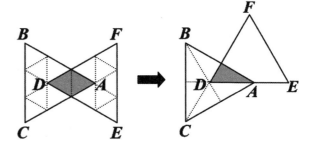

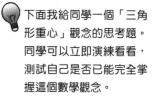

下面我給同學一個「三角形重心」觀念的思考題。同學可以立即演練看看，測試自己是否已能完全掌握這個數學觀念。

試題 098B

如圖，G 為 $\triangle ABC$ 的重心，已知三中線 $\overline{AD}=18$，$\overline{BE}=30$，$\overline{CF}$ $=24$，試求 $\triangle ABC$ 的面積？

(A)216　(B)270　(C)288　(D)360

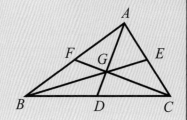

心法解析

這是一個給三中線求三角形面積的問題。

我們得延長 $\overline{AD}$，取 $\overline{GD}=\overline{DH}$，連接 $\overline{BH}$、$\overline{CH}$。

在四邊形 $GBHC$ 中，因為 $\overline{GD}=\overline{DH}$、$\overline{BD}=\overline{DC}$，對角線互相平分，

所以 $GBHC$ 為平行四邊形 ⇒ 兩對角線將它分割成 4 塊等面積的三角形。

⇒ $\triangle BGH : \triangle ABC = 2 : 6 = 1 : 3$

又 $\overline{BG}=\dfrac{2}{3}\overline{BE}=20$，$\overline{GH}=2\times\overline{GD}=\dfrac{2}{3}\overline{AD}=12$，$\overline{HB}=\overline{CG}=\dfrac{2}{3}\overline{CF}=16$

⇒ $\overline{BG}:\overline{GH}:\overline{HB}=5:3:4$，因此 $\triangle BGH$ 為直角三角形

⇒ $\triangle BGH=\dfrac{1}{2}\overline{GH}\times\overline{HB}=\dfrac{1}{2}\times12\times16=96$

⇒ $\triangle ABC=3\triangle BGH=288$

故本題答案為(C)

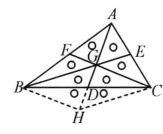

1-6 機率與統計

甲、乙各丟一次公正骰子比大小。若甲、乙的點數相同時，算兩人平手；若甲的點數大於乙時，算甲獲勝；若乙的點數大於甲時，算乙獲勝。求甲獲勝的機率是多少？

(A)$\frac{1}{3}$　(B)$\frac{1}{2}$　(C)$\frac{5}{12}$　(D)$\frac{7}{12}$

【98 年第一次基測】

深化觀念

首先，我們必須先具備下面 5 個「機率」的基本觀念。

【1】某一事件不可能發生，其機率為 0

【2】某一事件一定會發生，其機率為 1

【3】某事件發生的機率為 P，則 $0 \le P \le 1$

【4】A 事件不發生的機率＝$1 - A$ 事件發生的機率

【5】某事件的機率＝$\dfrac{\text{某事件所包含結果的個數}}{\text{試驗中所有可能的結果數}}$

心法解析

在國中階段，同學還沒有學過排列組合的觀念，處理機率問題的方法中，最簡單有效的方法就是畫「樹狀圖」。

當甲、乙各丟一次公正骰子，甲可能擲出 6 種結果，乙也可能擲出 6 種結果，所以共有 6 × 6 = 36 種可能結果。

討論甲＞乙的情況有

(甲, 乙) = (2, 1)，(3, 1～2)，(4, 1～3)，(5, 1～4)，(6, 1～5)

共 1 + 2 + 3 + 4 + 5 = 15 種結果。

故甲獲勝的機率 $= \dfrac{15}{36} = \dfrac{5}{12}$

此外，我們也可以反面思考，

因為甲勝與乙勝的機率相等，而平手狀況有 6 種

所以我們以反扣法可得 $= \dfrac{1}{2} \times \left(1 - \dfrac{6}{36}\right) = \dfrac{15}{36} = \dfrac{5}{12}$

故本題答案為(C)

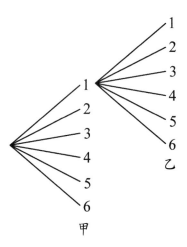

下面我給同學一個「機率」觀念的試題。同學可以立即演練看看，測試自己是否已能完全掌握這個數學觀念。

試題 099B

某抽獎盒內有 99 顆球,其中白球有 50 顆,且盒內每顆球被抽中的機會均相等。若小涓自此盒中抽球,且每抽中一顆白球即可獲得一項贈品,則下列關於小涓抽球的敘述何者錯誤?

(A)一次抽出 50 球不一定可獲得贈品

(B)只抽一球就獲得贈品的機率大於 $\frac{1}{2}$

(C)一次抽出 80 球至少可獲得 31 項贈品

(D)一次抽出 62 球與一次抽出 61 球,可獲得贈品的機率相等   【98 年第二次基測】

心法解析

這是一個比較特別的機率題目,因為選項只問可不可以獲得贈品,而不是問能得到幾件贈品,所以不管得到幾件贈品,只要有得到贈品,那機率就是 1。

盒內共有 99 顆球,其中白球 50 顆,其他色球有 49 顆

(A)一次抽出 50 球,則必至少會抽中 1 顆白球,所以一定可以獲得贈品。

(B)只抽一球就獲得贈品的機率 $\frac{50}{99} > \frac{1}{2}$。

(C)一次抽出 80 球,則必至少會抽中 31 顆白球,所以至少可以獲得 31 項贈品。

(D)一次抽出 62 球與一次抽出 61 球,「可獲得贈品」的機率皆為 1。

故本題答案為(A)

下表為某班成績的次數分配表。已知全班共有 38 人，且眾數為 50 分，中位數為 60 分，求 x^2-2y 之值為何？

(A)33
(B)50
(C)69
(D)90

成績（分）	20	30	40	50	60	70	90	100
次數（人）	2	3	5	x	6	y	3	4

【100 年北北基】

深化觀念

【1】算數平均數：算數平均數能顯示整個資料集中的趨勢。

(1)未分組：算數平均數＝各數值總合÷總次數

(2)已分組：算數平均數＝(各組組中點×該組次數)的總合÷總次數

【2】中位數：將數值資料由小而大排序，正中央的數為中位數。

(1)資料有奇數個，正中央的一個數為中位數。

(2)資料有偶數個，正中央兩個數的算數平均數為中位數。

【3】眾數：數值資料中，出現次數最多的數值為眾數，不受極端數值影響。

(1)將資料製成次數分配表，表中次數最多的數值即為眾數。

(2)眾數有時不只一個

心法解析

因為全班共有 38 人

$\Rightarrow 2+3+5+x+6+y+3+4=38 \Rightarrow x+y=15$

又眾數為 50 分 $\Rightarrow x>6$ 且 $x>y$

而中位數為 60 分，全班共有 38 人

所以中位數為第 19 人和第 20 人分數的平均 $\Rightarrow 2+3+5+x \le 18$

所以 $x=8$，$y=7$

因此 $x^2-2y=64-14=50$

故本題答案為(B)

國中數學滿分心法：引爆中學生數學能力的奧義

試題 100B

下圖為某班 35 名學生投籃成績的長條圖,其中上面部分破損導致資料不完全。已知此班學生投籃成績的中位數是 5,則根據右圖,無法確定下列哪一選項中的數值?

(A)3 球以下(含 3 球)的人數

(B)4 球以下(含 4 球)的人數

(C)5 球以下(含 5 球)的人數

(D)6 球以下(含 6 球)的人數

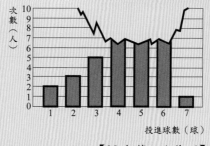

【98 年第一次基測】

心法解析

這個題目除了測驗我們長條圖的觀念之外,還必需使用一點邏輯推理的觀念。

因為全班有 35 人,所以第 18 個人為中位數 5 球,

而由長條圖可得知進 4 球人數 ≥ 7 人,

進 1～3 球的共有 $2+3+5=10$ 人

所以進 4 球恰有 7 人

而進 7 球有 1 人,所以進 6 球以下人數有 $35-1=34$ 人

所以無法確定的是進 5 球以下的人數

故本題答案為(C)

第二章　強化數學能力

強化數學能力 ⇒ 鍛鍊數學思維

　　在國中數學的課程內容中，增加了許多同學在小學所沒學過的數學知識。然而，同學在數學上的知識雖然增加了許多，但數學的能力卻並沒有因此而隨之提升。若遇到稍為靈活一點的試題，就往往沒有辦法將題目解決了。

　　因此，在第二章的內容中，我特別設計了「極端化」、「簡單化」、「特殊化」、「平移思考」、「對稱思考」、「旋轉思考」6個單元，來增強與鍛鍊同學的數學能力與思維，讓同學在面對數學試題時，能真正做到「以簡馭繁」。這也是我平時訓練資優學生的部分教材內容，但我想這不只是數學較有天份的同學必須要學習，還沒能具備這些數學能力的同學，更是需要去學習。

　　此外，我除了精選了 20 個試題來建立同學這 6 個數學能力，在「奧義解析」的部份，更是儘可能的以貼近我平時教學的方式來書寫，雖然和真實的教學過程還是有很大的落差，但這樣的方式應該已能增加我和同學之間的同步感，帶領同學一起來思考與解決問題，希望讓同學能透過這個章節的內容，建立數學課本知識以外的數學能力。

第一章　深化數學觀念

2-1 極端化

試題 01

右圖有 $ABCD$，$AEFG$ 兩個正方形，試求 $\overline{FC}:\overline{EB}=?$

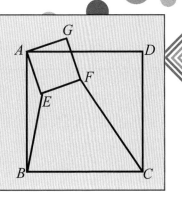

奧義解析

同學在解這個題目時，往往一開始就會卡在不知道該畫哪些輔助線，而無能再繼續。

事實上，在這個題目中，並沒有明確給定兩正方形的大小。因此，我們可以推測無論兩正方形多大多小，都不會改變最後所求的比例。所以我們可以試著對小正方形「極端化」，慢慢的縮小它，當它到達極限時會縮成一個點，而此時四個頂點 $AEGF$ 會重合在同一點上。

$\Rightarrow \overline{FC}:\overline{EB}=\overline{AC}:\overline{AB}=\sqrt{2}:1$，答案就出來了。

然而這個結果，我們不能保證一定是正確的，但卻已經提供給我們一個很好的解題方向，因為 $\sqrt{2}:1$ 是正方形的對角線長：邊長，所以我們可以試著去連接兩正方形的對角線 $\overline{AF}$、$\overline{AC}$，此時我們可以發現 $\triangle AEB \sim \triangle AFC$（SAS）。

因為 $\overline{AB}:\overline{AC}=\overline{AE}:\overline{AF}=1:\sqrt{2}$，

又 $\angle BAE+\angle EAC=45°=\angle EAC+\angle CAF \Rightarrow \angle BAE=\angle CAF$

因此 $\overline{FC}:\overline{EB}=\overline{AC}:\overline{AB}=\sqrt{2}:1$

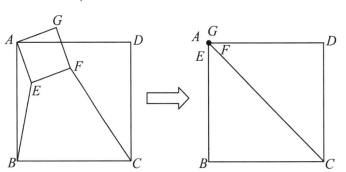

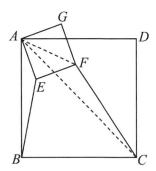

試題 02

在銳角△ABC中，假設∠A = 30°，若以 $\overline{BC}$ 為直徑作圓，此圓交 $\overline{AB}$ 於 P 點，交 $\overline{AC}$ 於 Q 點，試求 $\dfrac{\text{四邊形 } PBCQ \text{ 的面積}}{\triangle APQ \text{ 的面積}}$。

奧義解析

按照題意，我們可以畫出最左邊的圖形，然而卻還不能夠剖析出結果。

事實上，在這個題目中，並沒有明確給定銳角△ABC中∠B與∠C的大小，只表示∠A = 30°，因此，我們可以推測無論∠B與∠C多大多小，都不會改變最後所求的比例。所以我們可以試著對∠B或∠C「極端化」，雖然題目中有表示此為銳角△ABC，但是我們在不改變∠A = 30°的情況下，慢慢推動 $\overline{AB}$ 與 $\overline{AC}$，當∠C = 90°時到達極限。

此時 Q、C 會重合在同一點上，而四邊形 PBCQ 會變成△PBC

因為直角△PBC～直角△PCA $\Rightarrow$ $\dfrac{\text{四邊形 } PBCQ \text{ 的面積}}{\triangle APQ \text{ 的面積}} = \dfrac{\triangle PBC}{\triangle APC} = \dfrac{\overline{BC}^2}{\overline{AC}^2} = \dfrac{1^2}{\sqrt{3}^2} = \dfrac{1}{3}$

當然這個結果，我們不能保證一定正確，不過我們已經明白解題的關鍵在相似形。

下面我們正式的來解析這個題目，首先，我們連接半徑 $\overline{OP}$ 及 $\overline{OQ}$，

因為圓外角 $\angle A = \dfrac{1}{2}(\overarc{BC} - \overarc{PQ}) \Rightarrow 30° = \dfrac{1}{2}(180° - \overarc{PQ}) \Rightarrow \overarc{PQ} = \angle POQ = 120°$

$\Rightarrow$ 等腰△OPQ三邊比 $\overline{OP} : \overline{OQ} : \overline{PQ} = 1 : 1 : \sqrt{3} \Rightarrow$ 直徑 $\overline{BC} : \overline{PQ} = 2 : \sqrt{3}$

又圓內接四邊形 PBCQ 對角互補 $\Rightarrow$ △ACB～△APQ（AAA）

$\Rightarrow \dfrac{\triangle ABC}{\triangle APQ} = \dfrac{\overline{BC}^2}{\overline{PQ}^2} = \dfrac{2^2}{\sqrt{3}^2} = \dfrac{4}{3} \Rightarrow \dfrac{\text{四邊形 } PBCQ \text{ 的面積}}{\triangle APQ \text{ 的面積}} = \dfrac{\triangle ABC - \triangle APQ}{\triangle APQ} = \dfrac{1}{3}$

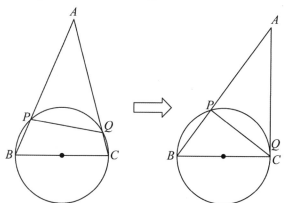

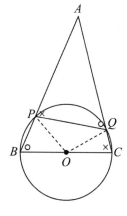

試題 03

包裝 8 根半徑皆為 1 的圓柱，其截面如圖所示，試問外圍粗黑線條的長度為？

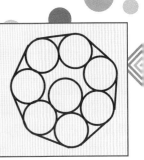

奧義解析

這個問題似乎相當的複雜，因為圓柱多達 8 根，且呈現不規則、不對稱的排列。要如何才能剖析此題呢？我們不妨將它「簡單化」後再思考，8 根簡化為 7 根、6 根、…、2 根、1 根。當它是 1 根圓柱時，黑線其實就是圓周本身了，答案為 2π。但這似乎太過簡化，看不出隱含的數學想法，因此，我們將它稍稍「複雜化」一點，增加為 2 根或 3 根。這讓我們回想起一個 92 年第一次基測考試的試題。

【92 年第一次基測】

將一條繩子緊緊圈住三個伍圓硬幣，如圖所示。若伍圓硬幣的半徑是 1 公分，則圈住這三個硬幣的繩子長度是多少公分？
(A)9　(B)12　(C)$\pi+6$　(D)$2\pi+6$

這個基測試題，不就是我們將原來的題目簡化成為 3 個圓柱的狀況。但該如何來剖析此題呢？我們需要下面 2 個關於「圓」的基本想法。
想法 1：看到很多個圓 $\Rightarrow$ 連接連心線。
想法 2：看到圓與切線 $\Rightarrow$ 連接切點與圓心，產生垂直於切線的半徑。
當輔助線完成後可以看出，此題的繩長，3 個圓弧的部份可以重新拼湊，形成一個長度為 2π 的圓周，另外還有 3 條與連心線等長，長度為 2 的外公切線段。所以繩子的總長度為 $2\pi+6$，故本題答案為(D)
在我們找出解題策略後，回到原先的題目中，並以相同的解題策略來破解它。當輔助線完成後，我們可以發現，此題的繩長，7 個圓弧的部份，雖然長短不一，但仍然可以重新拼湊，形成一個長度為 2π 的圓周，另外還有 7 條與連心線等長，長度為 2 的外公切線段，所以繩子的總長度為 $2\pi+14$。

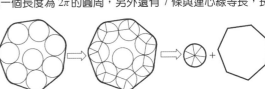

一塊豆腐切五刀，最多可以切成幾塊？

奧義解析

這個題目也可以敘述成：5 個平面分割空間，最多可以分成幾個部分。

我們很輕鬆的就可以知道：1 塊豆腐切 1 刀最多切 2 塊，2 刀最多切 4 塊，3 刀最多切 8 塊，但是 4 刀之後呢？就不太容易得知了。動手實驗也是個方法，但切越多刀就越不容易得知了。

我們可以試著將問題「簡單化」。

平面切割空間 ⇒ 直線切割平面 ⇒ 點切割直線

為了要清楚知道各狀況下的分割量，我們可以再將它「表格化」來分析。

當然，點分割直線的欄位，我們很快就可以填好。

而直線分割平面的部份，當我們在分析三線時，會發現第三條線會被前兩條交會出 2 個分割點，產生出 3 線段，也因此分割塊數由原來的 4 塊增加 3 塊成為 7 塊。

這樣的增加模式，在表格中即為「左＋右＝下」的規律。再驗證其他的欄位後，都沒有錯誤。因此，我們可以推理出 1 塊豆腐切 5 刀可以切出 26 塊。

更近一步的，我們可以「一般化」成 n 個平面時，同學可以試著自己去推導出結果。

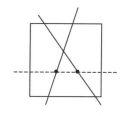

n	點切割直線	直線切割平面	平面切割空間
1	2	+ 2	+ 2
2	3	+ 4	+ 4
3	4	+ 7	+ 8
4	5	+ 11	+ 15
5	6	16	26
⋮	⋮	⋮	⋮
n	$n+1$	$\dfrac{n^2+n+2}{2}$	$\dfrac{n^3+5n+6}{6}$

2-3 特殊化

如圖，設正三角形△ABC邊長為 10，點 P 為△ABC內部一點。求點 P 至△ABC三邊的距離總和？

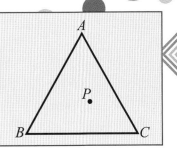

奧義解析

這個題目的標準解法是要用分割面積的方法來解題。

事實上，因為題目並沒有特別說明 P 的位置，我們可以推測出不管 P 在什麼位置，到三邊的距離總和是不會變的。我們可以試著將 P 點「特殊化」來快速求出答案。

我們可以選擇將 P 移動到正三角中心點重心的位置，或是將 P 移動到頂點 A，都可以輕鬆的破解此題。

若我們將 P 移動到 A 點，則 P 到三邊的距離

$\Rightarrow d(P, \overline{BC}) + d(P, \overline{AB}) + d(P, \overline{AC}) = 5\sqrt{3} + 0 + 0 = 5\sqrt{3}$，也就是正三角形的高。

若我們使用分割面積的方法，則是

$$\triangle ABC = \triangle PBC + \triangle PCA + \triangle PAB$$

$$\Rightarrow \frac{1}{2} \times 10 \times 5\sqrt{3} = \frac{1}{2} \times 10 \times x + \frac{1}{2} \times 10 \times y + \frac{1}{2} \times 10 \times z$$

$$\Rightarrow x + y + z = 5\sqrt{3}$$

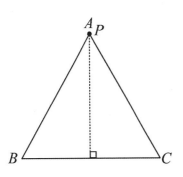

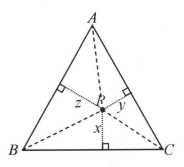

試過 P 點作一直線，將 $\triangle ABC$ 的面積等分。

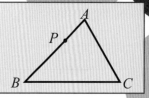

奧義解析

同學第一眼看到這個題目時，常常不知道該怎麼下筆分析。此時我們得先試著隨意畫出一條直線 $\overline{PQ}$，假設它已將 $\triangle ABC$ 的面積等分。

緊接著我們可以將 P 點「特殊化」來思考。若 P 點移動到頂點 A 時，則 $\overline{BC}$ 邊上的中線 $\overline{AM}$ 即可將 $\triangle ABC$ 的面積等分。但中線 $\overline{AM}$ 並不是這個題目的所求。因為 P 點在這個題目中是固定的。雖然 $\overline{PQ}$ 的作法我們還沒想出來，但我們已經可以知道，

$$\triangle ABM = \frac{1}{2}\triangle ABC = \triangle PBQ \Rightarrow \triangle APN + \text{四邊形 } PBMN = \text{四邊形 } PBMN + \triangle NMQ$$

$\Rightarrow \triangle APN = \triangle NMQ$，$\triangle APN$ 與 $\triangle NMQ$ 形成一個蝴蝶結形且兩三角形面積相同。

這讓我們回想到一個 100 年北北基試題中想測試的數學觀念。

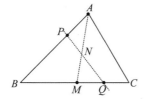
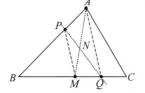

【100 年北北基】

右圖為一個四邊形 $ABCD$，其中 $\overline{AC}$ 與 $\overline{BD}$ 交於 E 點，且兩灰色區域的面積相等。若 $\overline{AD}=11$，$\overline{BC}=10$，則下列關係何者正確？

(A) $\angle DAE < \angle BCE$ (B) $\angle DAE > \angle BCE$ (C) $\overline{BE} > \overline{DE}$ (D) $\overline{BE} < \overline{DE}$

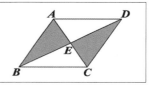

因為 $\triangle ABE = \triangle CDE \Rightarrow \triangle ABC = \triangle CBD$

又 $\triangle ABC$ 與 $\triangle CBD$ 同底，所以等高，因此 $\overline{AD} \parallel \overline{BC}$。

又 $\triangle ADE \sim \triangle CBE$，對應邊 $\overline{AD} > \overline{BC}$，所以對應邊 $\overline{DE} > \overline{BE}$

故本題答案為(D)

在前面的分析中，我們可以知道 $\triangle APN = \triangle NMQ$，$\triangle APN$ 與 $\triangle NMQ$ 形成一個蝴蝶結形且兩三角形面積相同，則 $\overline{PM} \parallel \overline{AQ}$。因此我們只需先連接 $\overline{PM}$，再作 $\overline{AQ} \parallel \overline{PM}$，就可以得到分割面積的直線 $\overline{PQ}$ 了。

2-4 平移思考

如圖表示 E、F、G、H、I、J、M、N 八點在長方形 $ABCD$ 四邊上的位置，其中 $\overline{AE}=\overline{EF}=\overline{FB}=\overline{DG}=\overline{GH}=\overline{HC}$，且 $\overline{AI}=\overline{IJ}=\overline{JD}=\overline{BM}=\overline{MN}=\overline{NC}$。若長方形 $ABCD$ 的周長為 32，對角線長為 12，則 $\overline{EI}$、$\overline{FJ}$、$\overline{BD}$、$\overline{MG}$、$\overline{NH}$ 五線段的長度和為何？

(A)28　(B)36　(C)44　(D)48

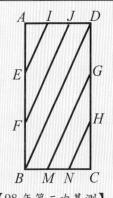

【98 年第二次基測】

強化能力

【1】平移定義：在平面上將圖形沿一個方向移動一段距離稱為平移。

【2】平移規律：平移不改變圖形的形狀、大小，也不會改變圖形的方向。

【3】平移性質：平移後對應點的連線段平行且相等。

奧義解析

這個題目，我們當然可以用相似三角形，分別求出 5 線段的長度再加總。

但過程可就相當繁瑣了。事實上，我們可以使用「平移」的方式來思考這個題目。

我們沿長方形 $ABCD$ 對角線 $\overline{BD}$ 剪開，將△ABC 平移到△DBC 的右側，使長方形的長 $\overline{AB}$ 與 $\overline{DC}$ 拼合在一起。此時就可以看出 $\overline{EI}$、$\overline{FJ}$、$\overline{BD}$、$\overline{MG}$、$\overline{NH}$ 五線段的總和恰為 3 段對角線 $\overline{DB}$ 的長度。

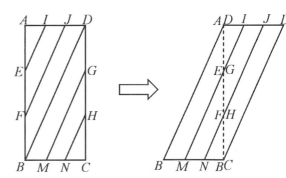

故五線段的長度和為 $3 \times 12 = 36$

故本題答案為(B)

試題 08

如圖，平行四邊形 $ABCD$ 中，$\overline{BD}=12$，M 為 $\overline{BC}$ 中點，M 到 $\overline{AD}$ 的距離為 8。若分別以 B、C 為圓心，$\overline{BM}$ 長為半徑畫弧，交 $\overline{AB}$、$\overline{CD}$ 於 E、F 兩點，則圖中灰色區域面積為何？

(A)$96-12\pi$　(B)$96-18\pi$　(C)$96-24\pi$　(D)$96-27\pi$

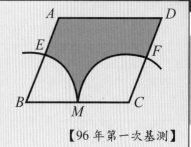

【96 年第一次基測】

奧義解析

圖中灰色區域面積 = 平行四邊形 $ABCD$ − 兩個扇形

平行四邊形 $ABCD$ 面積 $=12\times 8=96$

但是兩個扇形的面積卻無法分別求出。

因為要求出扇形面積，必須要知道半徑與圓心角。

然而我們只知道半徑為 $\overline{BM}=\overline{MC}=6$，圓心角 $\angle B,\ \angle C$ 卻無法得知。

當我們看到不完整的圓弧，立刻將它畫成完美的圓。

此時我們即可得知，因為平行四邊形 $ABCD$ 鄰角互補 $\Rightarrow\ \angle B+\angle C=180°$

所以當我們將左邊扇形「平移」到右邊扇形拼湊後，即可得到一個半圓。

因此兩個扇形的面積和為 $\dfrac{1}{2}\times 6^2\pi=18\pi$

$\Rightarrow$ 圖中灰色區域面積 $=96-18\pi$

故本題答案為(B)

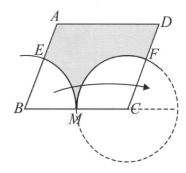

如圖，正三角形 ABC 邊長為 10，過三角形內任一點 P，畫出 3 條與 3 邊平行的線，再取等距並對三線作平行線，則灰色區域面積為？

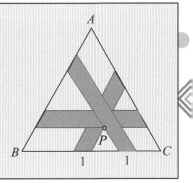

奧義解析

因為灰色區域面積＝正 $\triangle ABC$ － 白色區域面積

所以我們可以將白色區域的 3 個三角形與 3 個平行四邊形「平移」，

重新拼湊成一個小正三角形，邊長為 $10 - 2 \times 1 = 8$，

因此，灰色區域面積 $= \dfrac{\sqrt{3}}{4} \times 10^2 - \dfrac{\sqrt{3}}{4} \times 8^2 = 9\sqrt{3}$

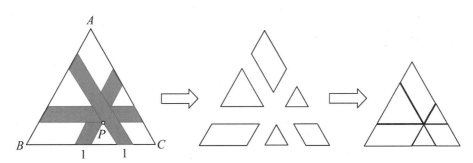

試題 10

右圖為一正方形旗子，底為白色，有一等寬紅色十字形，其中央是一個藍色的正方形，紅十字與正方形兩對角線對稱，整個十字包含藍色與紅色佔旗子總面積的 36%，則藍色正方形佔旗子面積的？

(A)0.5%

(B)1%

(C)1.5%

(D)2%

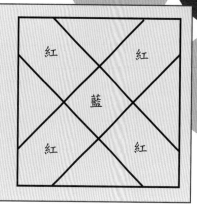

奧義解析

因為大正方形面積：十字面積 = 100 : 36

⇒ 大正方形面積：4 個等腰直角三角形面積 = 100 : 64

若我們將 4 個等腰直角三角形「平移」，重新拼合成一個小正方形。

則大正方形邊長：小正方形邊長 = 10 : 8

因此，大正方形邊長：中間藍色正方形邊長 = 10 : $\sqrt{2}$

⇒ 大正方形面積：中間藍色正方形面積 = 100 : 2

所以藍色正方形佔旗子面積的 2%

故本題答案為(D)

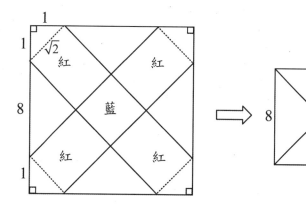

2-5 對稱思考

如圖，等腰直角三角形 ABC 內部包含一個面積 2π 的半圓。此半圓的圓心 O 在斜邊 $\overline{AB}$ 上且和 $\overline{AC}$ 及 $\overline{BC}$ 相切。三角形 ABC 的面積是多少？

(A)6　(B)8　(C)4π　(D)10

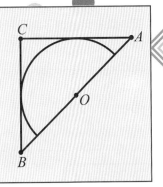

強化能力

【1】線對稱定義：若圖形對摺後兩側能完全疊合稱為線對稱圖形，摺線為對稱軸。

【2】線對稱規律：對摺後互相重疊的點為對稱點，互相重疊的邊為對稱邊。

【3】線對稱性質：線對稱圖形其對稱軸垂直且平分兩對稱點的連線。

奧義解析

其實要解出這個題目並不困難，然而，在我們看到一個半圓與半個正方形，若能將它「對稱」後形成圓與正方形會更容易破解出此題。

我們再連接切點與圓心，產生垂直於切線的半徑後，會得到下面圖形。

因為半圓的面積 2π ⇒ 正方形內切圓面積為 4π

因為 $r^2\pi = 4\pi$ ⇒ $r = 2$

因此大正方形邊長為 4 ⇒ 面積 $= 4^2 = 16$

而等腰直角三角形 ABC 面積 $= \dfrac{1}{2} \times 16 = 8$

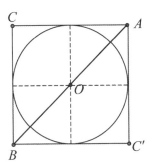

試題 12

如圖，圓 O_1、圓 O_2、圓 O_3 三圓兩兩相切，且 $\overline{AB}$ 為圓 O_1、圓 O_2 的公切線，$\overparen{AB}$ 為半圓，且分別與三圓各切於一點。若圓 O_1、圓 O_2 的半徑均為 1，則圓 O_3 的半徑為何？

(A)1　(B)$\frac{1}{2}$　(C)$\sqrt{2}-1$　(D)$\sqrt{2}+1$

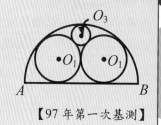

【97 年第一次基測】

奧義解析

這個基測試題是當年考試的最後一題，然而題目雖然有難度，但正確選項卻很好猜。

因為圓 O_1、圓 O_2 半徑為 1，小圓 O_3 的半徑當然比 1 小，那就只剩下(B)$\frac{1}{2}$(C)$\sqrt{2}-1$ 可以選擇，大多數的同學都會猜 $\sqrt{2}-1$，它也就是正確答案了。

因為選項設計的缺失，使這個高水準的題目變的低水平了。

那麼到底為什麼小圓 O_3 半徑是 $\sqrt{2}-1$ 呢？

要能輕鬆破解此題我們需要下面 2 個關於「圓」的基本想法。

想法 1：看到不完整的圓弧 ⇒ 將它畫成完美的圓。

想法 2：看到很多個圓 ⇒ 連接連心線。

此外，我們運用「對稱」的觀念，上下對稱後我們會得到下面的圖形，根據「對稱」的原理，我們將 4 個小圓心連接後會形成正方形。

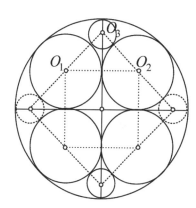

因此 $\triangle O_1 O_2 O_3$ 為等腰直角三角形

⇒ $\overline{O_1 O_2}=1+1=2$、$\overline{O_3 O_1}=\overline{O_3 O_2}=\sqrt{2}$

又圓 O_1、圓 O_3 兩圓外切

⇒ 連心線 $\overline{O_3 O_1}$ 為兩半徑相加

⇒ $\overline{O_3 O_1}=1+r=\sqrt{2} \Rightarrow r=\sqrt{2}-1$

故本題答案為(C)

座標平面上有 50 個邊長為 1 的正方形，將 $O(0,0)$ 與第 50 個正方形右上頂點 $P(99,1)$，作一線段 $\overline{OP}$，求此線下方與 x 軸所夾的面積總合。

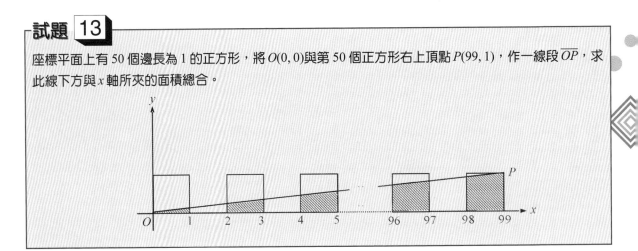

奧義解析

根據「對稱」想法，我們可以發現，

第 1 個正方形的下面三角形＝第 50 個正方形的上面三角形。

第 2 個正方形的下面梯形＝第 49 個正方形的上面梯形。

…依此類推。

所以，我們可以計算 50 個正方形面積總和再除以 2，就可以得到斜線部分面積了。

因此，斜線部分面積 $= \dfrac{50 \times 1^2}{2} = 25$

試題 14

美術館的某個展覽中有一個現代雕塑作品。該作品為一菱形的不銹鋼，其中有一個頂點接觸地面，其他三個頂點各有一根垂直地面的柱子支撐，柱子的長度分別為 a, b, c $(a>b>c)$，若 a = 5.2 公尺，b = 2.8 公尺，則 c = _____ 公尺。

【91 年數理資優甄選】

奧義解析

根據「對稱」想法，我們將此圖形翻轉後，可與原圖形拼合成一個底邊為平行四邊形的柱體。由這個柱體，我們可看出 $b+c=a$。

因此，$c=5.2-2.8=2.4$

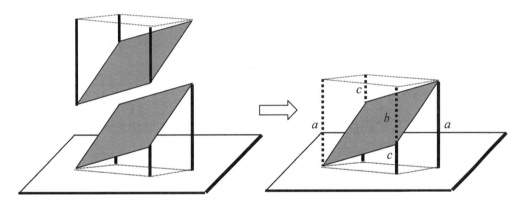

2-6　旋轉思考

圖(一)有一大正三角形內切一圓，圓內再內接一小正三角形。圖(二)有一大正方形內切一圓，圓內再內接一小正方形。分別求大小兩正三角形與大小兩正方形的面積比。

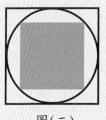

圖(一)　　　圖(二)

強化能力

【1】旋轉定義：在平面上將圖形繞一定點，順或逆時針方向轉動一個角度稱為旋轉。

【2】旋轉規律：旋轉不改變圖形的大小和形狀，但改變圖形的方向

【3】旋轉性質：

　　(1)固定點稱為旋轉中心，可以在圖形內部、邊上、外部。

　　(2)旋轉後，任兩對應點到旋轉中心的皆距離相等。

　　(3)旋轉後，任兩對應點與旋轉中心的連線半徑，皆轉動了相同的旋轉角。

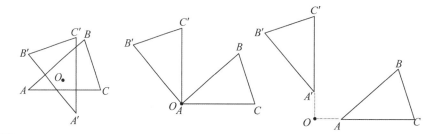

奧義解析

這個題目中，我們當然可以算出大小圖形的邊長比，再求面積比，但那太麻煩了。

其實，我們只要以中心點為旋轉中心，「旋轉」裡面的小圖形，就能快速求出面積比。

大三角形：小三角形 = 4：1

大正方形：小正方形 = 8：4 = 2：1

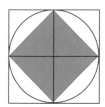

國中數學滿分心法：引爆中學生數學能力的奧義

有兩相同的正方形 $ABCD$，$EFGH$ 邊長皆為 1，$ABCD$ 中心位在 F 點，求兩正方形重疊處四邊形 $KFLD$ 的面積。

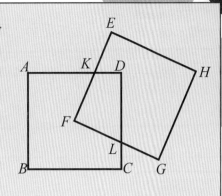

奧義解析

在這個圖形中，我們可以運用「旋轉」的想法，以 F 為旋轉中心轉動正方形 $EFGH$，我們將它旋轉至兩邊落在 D、C 頂點上，此時兩正方形重疊成等腰直角 $\triangle FDC$。

當然我們立刻可以得到重疊處 $\triangle FDC$ 面積 $= \dfrac{1}{4} \times 1^2 = \dfrac{1}{4}$

又因為 $\overline{FD} = \overline{FC}$，$\angle KDF = 45° = \angle LCF$，$\angle KDF = 90° - \angle DFL = \angle LFC$

$\Rightarrow \triangle FDK \cong \triangle FCL$（ASA）

四邊形 $KFLD = \triangle FDK + \triangle FDL = \triangle FDL + \triangle FCL = $ 等腰直角 $\triangle FDC$

因此，四邊形 $KFLD$ 面積 $= \dfrac{1}{4}$

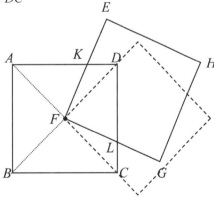

如圖，$\overparen{AB}$、$\overparen{BC}$、$\overparen{DE}$、$\overparen{EF}$、$\overparen{AGD}$、$\overparen{BGE}$、$\overparen{BHE}$、$\overparen{CHF}$ 皆為直徑為 2 的半圓。求斜線部分面積為何？

(A)4　(B)8　(C)2π　(D)4π

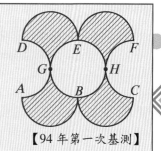

【94 年第一次基測】

奧義解析

如下圖，我們連接直徑 $\overline{DE}$、$\overline{EF}$、$\overline{AB}$、$\overline{BC}$、$\overline{DA}$、$\overline{EB}$、$\overline{FC}$，

再將半圓分別以 A、E、C 為旋轉中心，「旋轉」90°後重新拼湊，

則可形成一長方形 $ADFC$，其長 4、寬 2

因此，斜線部分面積為 $4 \times 2 = 8$

故本題答案為(B)

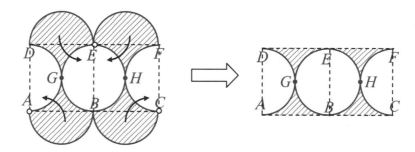

試題 18

如圖，直徑 $\overline{AB}$ 為 12 的半圓，將 $\overparen{AC}$ 沿著弦 AC 折疊，使 $\overparen{AC}$ 恰好通過圓心 O，則斜線部分面積為？

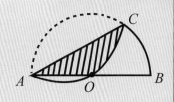

奧義解析

要破解這個問題，首先我們需要下面 2 個關於「圓」的基本想法。

想法 1：看到不完整的圓弧 ⇒ 將它畫成完美的圓。

想法 2：看到圓與弦 ⇒ 連接弦中點與圓心，產生垂直平分弦的弦心距。

因為折疊使弓形 $ADC \cong$ 弓形 AOC，而 $\overline{OD}$ 再將兩弓形切為 4 塊全等圖形。

如下圖，我們以 M 為旋轉中心，將半弓形 MOD 逆時針「旋轉」$90°$後重新拼湊它，

即可知斜線部分面積＝扇形 OAD

因為要求出扇形面積，必須要知道半徑與圓心角。

半徑 $\overline{OA}=6$，但是圓心角 $\angle AOD$ 要如何判斷呢？

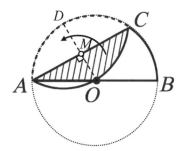

在直角 $\triangle AOM$ 中，因為 $\overline{OA}:\overline{OM}=\overline{OA}:\dfrac{1}{2}\overline{OD}=2:1$

由畢氏定理可得知 $\overline{OA}:\overline{OM}:\overline{AM} \Rightarrow 2:1:\sqrt{3} \Rightarrow \angle AOD=60°$

⇒ 斜線部分面積＝扇形 $OAD = 6^2\pi \times \dfrac{60°}{360°}=6\pi$

如圖，正三角形 ABC 內部有一點 P，且 $\overline{PA}=3$，$\overline{PB}=4$，$\overline{PC}=5$，試求 $\triangle ABC$ 的面積？

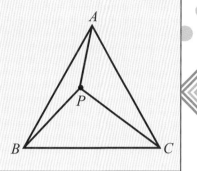

奧義解析

當我們看到 P 到三頂點的距離 $3, 4, 5$，必定會聯想到直角三角形的一組畢氏數。

但很無奈的是他們並沒有圍成一個三角形，要如何才能讓這三個長度聚在一起，成為一個直角三角形，進而求出正三角形的面積呢？

首先，我們先以 A 為旋轉中心轉動 $\triangle APC$，逆時針「旋轉」$60°$ 後恰可讓 $\overline{AC}$ 與 $\overline{AB}$ 重合，成為 $\triangle AP_1B$，也因為 $\overline{AP}$ 也逆轉 $60°$ 成為 $\overline{AP_1}$，所以 $\triangle AP_1P$ 為正三角形

$\Rightarrow \overline{PP_1}=3$，$\overline{P_1B}=\overline{PC}=5$ 又 $\overline{PB}=4 \Rightarrow$ 為直角 $\triangle PP_1B$ 三角形。

$\triangle APB + \triangle APC = \triangle APB + \triangle AP_1B =$ 邊長為 3 的正三角形 + 三邊 3, 4, 5 的直角三角形

同理，我們可以分別以 B、C 為旋轉中心轉動 $\triangle APB$，$\triangle BPC$ 逆轉 $60°$。

形成 6 邊形 $AP_1BP_2CP_3$，面積為 2 個 $\triangle ABC$。

它也可以分割成 3 個邊長分別是 3, 4, 5 的正三角形與 3 個三邊 3, 4, 5 的直角三角形

$$\Rightarrow \triangle ABC = \frac{1}{2}\left(\frac{\sqrt{3}}{4} \times 3^2 + \frac{\sqrt{3}}{4} \times 4^2 + \frac{\sqrt{3}}{4} \times 5^2 + 3 \times \frac{1}{2} \times 3 \times 4\right) = \frac{25\sqrt{3}}{4} + 9$$

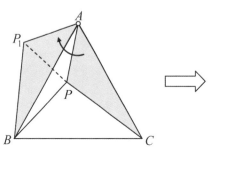

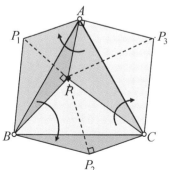

如圖，在正方形 $ABCD$ 內部有一點 P，且 $\overline{PA} = 4\sqrt{2}$，$\overline{PB} = 9$，$\overline{PD} = 7$，試求正方形 $ABCD$ 的面積。

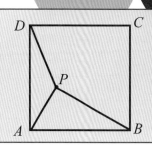

奧義解析

首先，我們先以 A 為旋轉中心轉動 $\triangle APB$，逆時針「旋轉」90° 後恰可讓 $\overline{AB}$ 與 $\overline{AD}$ 重合，成為 $\triangle AP_1D$，也因為 $\overline{AP}$ 也逆轉 90° 成為 $\overline{AP_1}$，所以 $\triangle AP_1P$ 為等腰直角三角形。

$\Rightarrow \overline{P_1A} = \overline{PA} = 4\sqrt{2}$，$\overline{PP_1} = 8$，$\triangle AP_1P = \dfrac{1}{2} \times (4\sqrt{2})^2 = 16$，又 $\overline{P_1D} = \overline{PB} = 9$，$\overline{PD} = 7$

$\Rightarrow$ 已知 $\triangle PP_1D$ 三邊，可用海龍公式求得 $\triangle PP_1D$ 面積，

$\Rightarrow s = \dfrac{7+8+9}{2} = 12$，$\triangle PP_1D = \sqrt{12(2-7)(12-8)(12-9)} = 12\sqrt{5}$

$\Rightarrow \triangle PAD + \triangle PAB = \triangle PAD + \triangle P_1AD = \triangle AP_1P + \triangle PP_1D = 16 + 12\sqrt{5}$

同理，我們連接 $\overline{PC}$，準備以 C 為旋轉中心，逆轉 $\triangle PCD$。

但要如何先求出 $\overline{PC}$ 長度呢？

我們可以分別作 P 到正方形四邊的距離 a, b, c, d。

因為 $\overline{PA}^2 = a^2 + d^2$，$\overline{PC}^2 = b^2 + c^2$，$\overline{PB}^2 = b^2 + d^2$，$\overline{PD}^2 = a^2 + c^2$

所以 $\overline{PA}^2 + \overline{PC}^2 = a^2 + b^2 + c^2 + d^2 = \overline{PB}^2 + \overline{PD}^2 \Rightarrow \overline{PC} = 7\sqrt{2}$

此時，我們就能 C 為旋轉中心轉動 $\triangle PCD$，逆轉 90° 成為 $\triangle P_2CB$。

等腰直角三角形 $\triangle CP_2P$ 中，$\overline{CP_2} = \overline{CP} = 7\sqrt{2}$，$\overline{PP_2} = 14$，$\triangle CP_2P = \dfrac{1}{2} \times (7\sqrt{2})^2 = 49$

又 $\overline{P_2B} = \overline{PD} = 7$，$\overline{PB} = 9$。已知 $\triangle PP_2B$ 三邊，可用海龍公式求得 $\triangle PP_2B$ 面積，

$\Rightarrow s = \dfrac{7+9+14}{2} = 15$，$\triangle PP_2B = \sqrt{15(15-7)(15-9)(15-14)} = 12\sqrt{5}$

$\Rightarrow \triangle PBC + \triangle PCD = \triangle PBC + \triangle P_2CB = \triangle CP_2P + \triangle PP_2B = 49 + 12\sqrt{5}$

故正方形面積 $= \triangle PAD + \triangle PAB + \triangle PBC + \triangle PCD = 16 + 12\sqrt{5} + 49 + 12\sqrt{5} = 65 + 24\sqrt{5}$

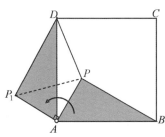
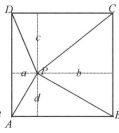
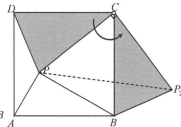

筆記欄

筆記欄

筆記欄

筆記欄

國家圖書館出版品預行編目資料

國中數學滿分心法：引爆中學生數學
能力的奧義/林群著. --二版. --臺北市:
五南圖書出版股份有限公司, 2017.04
　面；　公分

ISBN 978-957-11-9073-0 (平裝)

1.數學教育 2.中等教育

524.32　　　　　　　106002105

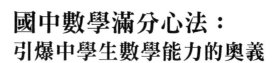

ZD05

國中數學滿分心法：
引爆中學生數學能力的奧義

作　　者 ― 林　群 (128.6)

發 行 人 ― 楊榮川

總 經 理 ― 楊士清

總 編 輯 ― 楊秀麗

副總編輯 ― 王正華

責任編輯 ― 楊景涵、金明芬

封面設計 ― 李敏毓、陳翰陞

出 版 者 ― 五南圖書出版股份有限公司

地　　址：106台北市大安區和平東路二段339號4樓

電　　話：(02)2705-5066　　傳　真：(02)2706-6100

網　　址：https://www.wunan.com.tw

電子郵件：wunan@wunan.com.tw

劃撥帳號：01068953

戶　　名：五南圖書出版股份有限公司

法律顧問　林勝安律師事務所　林勝安律師

出版日期　2012年3月初版一刷
　　　　　2017年4月二版一刷
　　　　　2021年4月二版二刷

定　　價　新臺幣280元

經典永恆・名著常在

五十週年的獻禮 —— 經典名著文庫

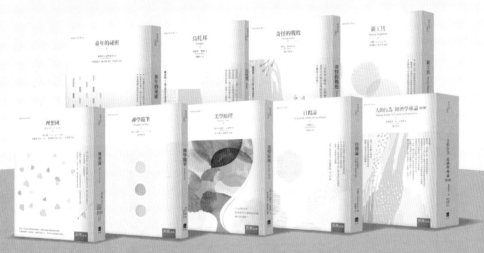

五南，五十年了，半個世紀，人生旅程的一大半，走過來了。

思索著，邁向百年的未來歷程，能為知識界、文化學術界作些什麼？

在速食文化的生態下，有什麼值得讓人雋永品味的？

歷代經典・當今名著，經過時間的洗禮，千錘百鍊，流傳至今，光芒耀人；

不僅使我們能領悟前人的智慧，同時也增深加廣我們思考的深度與視野。

我們決心投入巨資，有計畫的系統梳選，成立「經典名著文庫」，

希望收入古今中外思想性的、充滿睿智與獨見的經典、名著。

這是一項理想性的、永續性的巨大出版工程。

不在意讀者的眾寡，只考慮它的學術價值，力求完整展現先哲思想的軌跡；

為知識界開啟一片智慧之窗，營造一座百花綻放的世界文明公園，

任君遨遊、取菁吸蜜、嘉惠學子！